Rizomas narrativos en la pantalla global

Xaquín Núñez Sabarís

Rizomas narrativos en la pantalla global

Literatura expandida en *Breaking Bad* y otras series televisivas

PETER LANG

Berlin · Bruxelles · Chennai · Lausanne · New York · Oxford

Información bibliográfica publicada por la Deutsche Nationalbibliothek
La Deutsche Nationalbibliothek recoge esta publicación en la Deutsche Nationalbibliografie; los datos bibliográficos detallados están disponibles en Internet en http://dnb.d-nb.de.

Library of Congress Cataloging-in-Publication Data
Names: Núñez Sabarís, Xaquín author
Title: Rizomas narrativos en la pantalla global : literatura expandida en "Breaking bad" y otras series televisivas / Xaquín Núñez Sabarís.
Description: Berlin ; New York : Peter Lang, [2026] | Includes bibliographical references.
Identifiers: LCCN 2025042260 (print) | LCCN 2025042261 (ebook) | ISBN 9783631931745 hardback | ISBN 9783631931721 pdf | ISBN 9783631931738 epub
Subjects: LCSH: Television and literature | Fiction--21st century--History and criticism
Classification: LCC PN1992.655 .N86 2026 (print) | LCC PN1992.655 (ebook)
LC record available at https://lccn.loc.gov/2025042260
LC ebook record available at https://lccn.loc.gov/2025042261

Fecha de edición: 2024
Fecha de impresión: 2026

Este trabajo ha sido financiado por fondos de la FCT – Fundação para a Ciência e a Tecnologia, I.P., en el ámbito del proyecto UIDB/00305/2020

© De la portada Sabarís Media

ISBN 978-3-631-93174-5 (Print)
ISBN 978-3-631-93172-1 (ePDF)
ISBN 978-3-631-93173-8 (ePUB)
DOI 10.3726/b22605

© 2024 Peter Lang Group AG, Lausanne (Suiza)
Publicado por Peter Lang GmbH, Berlin (Alemania)

info@peterlang.com

www.peterlang.com

Índice

Figuras

Introducción

El cuarto de siglo transcurrido ha explorado como ningún otro las posibilidades de la intermediación y producción en red generando renovadas relaciones entre creadores y consumidores, además de mecanismos alternativos de legitimación artística. Las narrativas actuales, marcadas por un comportamiento multimedial, han supuesto nuevos enfoques sobre el imaginario cultural contemporáneo, en cuya configuración resulta ineludible el impacto de la revolución digital. Las nuevas tecnologías han propiciado una aceleración exponencial del mercado, producción y distribución de los productos culturales, generando una multiplicidad de lenguajes y una hibridación semiótica, que se percibe en la transferencia de estrategias narrativas o repertorios temáticos, dentro del universo intermedial del que nos ocuparemos.

La adaptabilidad de los contenidos creativos a los nuevos formatos ha conllevado asimismo modificaciones de raíz epistemológica. Los estudios literarios han interiorizado las alteraciones habidas, incorporado nuevas aproximaciones a su objeto de estudio, en el que se percibe una mayor incidencia del factor medial, como se refleja en los trabajos de naturaleza comparatista, que "como disciplina basada en el componente lingüístico se ha vuelto más compleja. Y ello no solo porque el lenguaje haya dejado de considerarse «simplemente» verbal para pasar a convertirse en una realidad multi o polimodal, sino también, y de forma más relevante, porque la idea de lenguaje o incluso de texto se ha vuelto subordinada a la idea de medio, un concepto que ya no se restringe a elementos lingüísticos o verbales" (Sánchez Mesa y Baetens, 2017, p. 6).

Este artículo de Sánchez Mesa y Baetens (2017) habla de la literatura en expansión, como el elemento catalizador de la hiperconexión que se materializa entre los diferentes medios. Este modelo expandido de correspondencias (Elleström, 2021) trasciende las binarias adaptaciones y apropiaciones interartísticas y una superación de los lenguajes estandarizados, en virtud de una mayor pluralidad y heterogeneidad intermedial, que ocasiona una nueva realidad semiótica. A juicio de Carrión (2011, p. 46) esta descentralización compositiva, incorpora, no obstante, los mecanismos convencionales de la narración, por eso el estudio como literatura expandida de videojuegos, teleseries o novelas gráficas supone la apropiación y domesticación de la tradición narrativa más canónica. La rizomática y descentralizada factura creativa sigue apelando, por consiguiente, a los clásicos y a los ancestrales mecanismos del arte de contar historias que colman nuestras inquietudes lúdicas, filosóficas o políticas.[1]

La proyección de la institucionalidad literaria en otras manifestaciones mediáticas propicia también una revisión de su propio sistema, que pasa de la autorreferencialidad receptiva y crítica a propagarse en otras redes y soportes artísticos:

> Antes un libro, un filme, una pieza musical, podía y debía ser un ente autosuficiente, que no precisaba de nada exterior a él para alcanzar la plenitud de un sentido que estaría contenido dentro, bajo todas las capas que queramos, pero dentro. En todo caso, su sentido podría remitirse a los de otros ejemplares de la misma especie: libros que encontraban su sentido en otros libros, o cuadros en otros cuadros, o filmes en otros filmes. Hoy un libro, los libros que tienen éxito, lo tienen en buena parte porque conectan con otras porciones de la experiencia que trascienden la literatura, e incluso que no encuentran en lo literario la clave de interpretación y la fuente de mayor placer: la encuentran en el cine, en la televisión, en la música, en la publicidad, en los cómics, en la agenda informativa, en la «Popular Science», en la historia, en la crónica de sucesos... Y vice-versa. (Rodríguez Ferrándiz, 2011, p. 53)

Por ello, si siempre ha sido difícil establecer balizas férreas entre los diferentes medios creativos, debido a su naturaleza híbrida, la era actual ha explorado mucho más ese trasvase, erosionando la pureza de la producción artística,[2]

---

[1] "Los últimos estudios en el campo de la evolución han puesto de relieve la importancia de la narrativa en la vida del *Homo sapiens*. Algunos investigadores no dudan en colocar las competencias narrativas entre las ventajas competitivas que permitieron la supervivencia de nuestra especie." (Scolari, 2013, p. 10)

[2] "Las redes sociales han potenciado esa fragmentación. Hoy estamos asomados a una sucesión incesante de citas procedentes de novelas, películas, obras teatrales, poemas, reportajes, entrevistas... Es un fenómeno que ha dinamitado los géneros

dando lugar a nuevos sujetos y agentes del campo cultural. Una evidente manifestación de ello es la legitimación alcanzada por los *showrunners* —los creadores de las series de televisión—, que han empezado a considerarse como "escritores televisivos" y a su producto como "literatura televisada" (Ayuso, 2014), lo cual invita necesariamente a una revisión del concepto de canonicidad con el que se operaba hasta el momento. El carácter polimodal de las narraciones de hoy en día ha modificado, consecuentemente, el objeto de estudio de la narratología: "¿Qué estudian los narratólogos del siglo XXI? Las historias que se expresan en relatos orales, novelas, cuentos, largometrajes, series de televisión e incluso videojuegos. Las especies narrativas nos rodean y el narratólogo es su biólogo" (Scolari, 2013, p. 10).

Es, por lo tanto, un estudio de esta naturaleza el que pretendemos ofrecer en este trabajo. Partiendo de narraciones audiovisuales, se intentará analizar la expansión de recursos literarios a productos culturales de consumo masivo y a menudo global, que se han incorporado al horizonte de expectativas, ya sea lectora, audiovisual o visual.

Al situarnos en este espacio intermedial, se pretende evidenciar el alcance y la referencialidad universal de la literatura en los productos culturales globalizados de la era contemporánea: los mecanismos de la arquitectura narrativa, los códigos diegéticos empleados y la utilización de figuras y recursos de matriz literaria para representar la compleja identidad (post)humana y las desarticuladas sociedades del siglo XXI.

Este libro, que resulta de diversas investigaciones acerca de la narrativa literaria y televisiva, se propone indagar en este diálogo entre géneros y modelos literarios y televisivos, los cuales, a su vez, remiten también a la tradición cinematográfica. Por ello, a continuación, se presenta un capítulo que incide en estas transferencias, tomando como objeto de estudio la revolución televisiva y los nuevos productos seriales.

Los tres capítulos siguientes se organizarán en torno a series que han tenido una notable proyección de público, constatando la fortaleza de los nuevos medios y su capacidad para popularizar fórmulas estéticas complejas e innovadoras. A tal efecto, la literatura, como el paradigma narrativo por

---

hasta amalgamarlos en uno sólo, gigante: la comunicación. Es natural que el teatro se contamine." (Massini, 2007, p. 35)

antonomasia, ofrece a menudo un marco reconocible y legitimado del que se nutren las historias, personajes o tramas de estas producciones televisivas.

En el capítulo dedicado a la ficción de alcance global se analizará la transmisión de las estructuras del género policial borgesiano a la serie *Breaking Bad*. Las referencias de este clásico de la televisión se estructuran en torno al juego persecutorio, a las distorsiones de las identidades duales, que remiten también a Frankenstein, el Quijote o Dr. Jekyll/Mr. Hyde o alusiones a Walt Whitman. Estos elementos intertextuales potencian la complejidad semiótica de su trama, para cuyo análisis nos apoyaremos en las complicidades advertidas con el cuento de Borges, "La muerte y la brújula", que supone un rentable hipotexto para construir esta historia que aúna tragedia, filosofía y aventuras.

El siguiente capítulo estará caracterizado, en sus dos apartados, por un análisis en el que lo espacial y geográfico adquieren un notable protagonismo. Una de las características de la ficción televisiva contemporánea ha sido su dimensión global, vehiculada en plataformas internacionales, pero también ha manifestado un notable interés por narrativas de marcado acento local, que estimulan la curiosidad intercultural del consumidor. En la primera sección, estudiaremos el fenómeno de la narcoficción y cómo se ha ido diseminando en producciones locales. Si *Narcos* fue una de las propuestas estrellas de Netflix, no lo han sido menos algunas de las creaciones televisivas del Atlántico Norte, como las ambientadas en Galicia y Portugal. *Fariña*, *Vivir sin permiso*, *Marea negra*, *Clanes* o *Rabo de peixe* han trascendido el perímetro regional para proyectarse internacionalmente en diversas plataformas digitales. En todas ellas la ficción se articula con el documental y con estrategias de la post-memoria, para lo cual, tanto la investigación periodística como la ficción literaria suponen una sólida base en la caracterización de los personajes y el ambiente sociopolítico y cartográfico en que se inscriben.

A continuación, el enigma detectivesco de la habitación cerrada ha constituido la intriga de muchos relatos del Sherlock Holmes, de Conan Doyle, o de las novelas de Agatha Christie y puede, asimismo, verse desarrollado en ficciones seriales. La investigación de un crimen en un espacio acotado y con un número limitado de sospechosos se traslada a la televisión, a través, en gran medida, de lo que se ha caracterizado como *country noir*. Frente al formato más convencionalmente urbano de la ficción negra, estos thrillers se sitúan en comunidades geográficamente aisladas.

Ya sea en forma de isla de tamaño reducido o de pueblos alejados, a menudo el suspense de la trama es una ventana para dar a conocer formas de vida o costumbres singulares, no exentas —todo hay que decirlo— de una cierta mirada exótica. La clásica *Twin Peaks* fue, en este sentido, un modelo de inspiración que se ha prolongado en la americana *True Detective* o la británica *Shetland*. En este apartado nos centraremos en las ficciones gallegas, en las que la caracterización espacial cobra un notable protagonismo y en las que se percibe la influencia de la tradición cultural y literaria gallega. Desde su matriz local, las series *Hierro* (de creación y producción gallega), *Néboa*, *O sabor das margaridas* o *El desorden que dejas* han conseguido, no obstante, proyectarse a través de los mercados audiovisuales internacionales.

Por último, la popularidad de la serie *Black mirror* supuso un antes y después en la divulgación de la ficción distópica. En este capítulo final nos proponemos señalar los préstamos de la literatura posmoderna —fragmentaria, minimalista, no mimética— en la composición narrativa de esta teleserie, en la que la discontinuidad diegética y la fractalidad están muy presentes. Las distorsiones temporales han supuesto una estrategia indispensable en la configuración de la literatura fantástica o insólita, acogiendo las transformaciones habidas en la física cuántica, en los avances tecnológicos o en una civilización post-humana. En la distopía audiovisual podemos advertir marcas narrativas semejantes, que se extienden a otros medios como las series o los videojuegos en los que se invita al consumidor (espectador, jugador) a participar en formatos inmersivos. La propuesta interactiva del capítulo *Bandersnatch*, de *Black mirror*, es un ejemplo de articulación entre tradición narrativa y prácticas de consumo hipermedial y que propician una acción participativa del espectador.

Estas cuatro propuestas parten de la convicción acerca de la relevancia que las investigaciones de naturaleza humanística tienen para comprender e interpretar un universo de progresivo hiperconsumo global. Por ello, resulta, igualmente, necesario poner el acento en la dimensión intermedial, intercultural y comparatista que contrapese el carácter hegemónico de determinadas visiones monoculturales y homogeneizadoras que invaden la autopista digital por la que circulan, con una gran capacidad de superar barreras geográficas y borrar huellas culturales. Evidenciar préstamos, analogías, recurrencias y preocupaciones comunes a las diferentes expresiones artísticas de las diversas civilizaciones y culturas puede ofrecer una base importante para ello.

Parto, pues, de la premisa de que la investigación e innovación científica en el ámbito de los estudios literarios y comparatistas debe servir, también, para formar consumidores críticos y competentes, que trasciendan el entretenimiento y la banalidad que la fácil disponibilidad de los productos creativos ocasiona a menudo.

La literatura en expansión resulta, pues, una corriente basal para interpretar la diversificada composición de los presentes rizomas narrativos.

Rizomas narrativos. Industria cultural y democratización estética

Literatura expandida en la pantalla global

> El estudio de los videojuegos, de las teleseries o de las novelas gráficas como literatura expandida no sólo supone su incorporación a la tradición narrativa, es decir, su domesticación (llevarlos al *domus*, a nuestro hogar), también significa observar la producción cultural de nuestros días con una mirada comparativa. (Carrión, 2011: 46)

En su análisis sobre el desconcertante capítulo de la mosca en *Breaking Bad* ("Fly" 3x10), Enrique Vila Matas (2013) realiza una interesante reflexión sobre la contaminación y la frontera que separa el entretenimiento del arte de narrar. El capítulo estático y absurdo —el protagonista pretende cazar una mosca que pueda comprometer la pureza de la metanfetamina que elabora—, pone a prueba la paciencia del espectador y filtra los horizontes de expectativas de estos. El autor de *Bartleby y compañía* califica el episodio de polémico porque "provoca la irritación de esa clase de consumidores —tan visibles en internet hoy en día— a los que enerva todo aquello que escapa de los cánones del entretenimiento y se adentra en algún espacio relacionado con la reflexión filosófica o simplemente con el arte de pensar por cuenta propia" (Vila Matas, 2013, p. 100).

La reflexión del escritor catalán, a propósito de la serie, pone el acento en el poder transformador de la química y en la "contaminación", en la que observa el código cifrado de este drama televisivo y que bien podríamos aplicar a su concepción de la ficción. No solo porque su prosa sea una intersección de novela, ensayo y poesía, sino porque la literatura, como la química de *Breaking Bad*, expone la magia de la creación en la transformación de los elementos: "la novela refleja mi impresión de que la realidad la forman cientos de códigos y narrativas superpuestas. Ficciones que vienen de otras ficciones que a su vez vienen de otras" (Vila Matas, 2017, p. 10). Cabrá, al lector competente, desmadejar el complejo hilo compositivo de las autorreferenciales y metaliterarias narrativas contemporáneas.

Esta cita sobre la concepción literaria de Vila Matas y sus consideraciones sobre una serie televisiva de culto expresa a la perfección los propósitos del trabajo que acometemos. La articulación actual entre repertorios, consumidores y creaciones en diferentes soportes mediales cuestiona el convencional eje entre cultura de masas y alta cultura. El comportamiento de las industrias culturales[3] y creativas muestra las transformaciones de los hábitos de consumo, motivados por la hiperdisponibilidad de productos en el universo digital, que ofrece una respuesta sincrética entre la expresión artística, el espectáculo y el entretenimiento, absorbiendo, a su vez, mecanismos propios de la cultura del ocio (Rodríguez Ferrándiz, 2011, p. 150).

Gil y Pardo (2018, p. 16), en su categorización de la intermedialidad, definen el concepto de *medio*, como un lenguaje semiótico, con una tradición de prácticas y textos de carácter estético y una tecnología de comunicación dominantes. Partiendo de esta noción medial, pretendemos evidenciar la contribución de la narración literaria a la conquista de la autonomía artística de la ficción televisiva en el campo cultural y de su incuestionable posición en el mundo crítico y académico. Las monografías de Carrión (2011), Sepinwall (2012), Martin (2014) o Torre (2016) dan buena muestra de ello.

Seguimos, a este propósito, los estudios sobre la intermedialidad de Rajewsky (2005); Clüver, (2011); Sánchez Mesa y Baetens (2017), Gil y Pardo (2018) o Elleström (2021). Las transferencias y relaciones entre los distintos medios han superado la perspectiva meramente textual, para adentrarse en cuestiones que tienen que ver con lenguajes, códigos culturales o apropiaciones entre diferentes soportes técnicos. Esta descentralización discursiva motiva que la intertextualidad no ponga tanto el énfasis en los préstamos explícitos, sino en las coincidencias y complicidades, que toman al lector —y no tanto al texto— como motor activo de comparaciones

---

[3] Para el concepto actual de industria cultural, véase Rodríguez Ferrándiz (2009 y 2011).

entre autores, obras y temas, como ha señalado Riffaterre (1990). En lo que sigue, las correlaciones entre las series objeto de estudio y otras referencias artísticas no persiguen (no solo) identificar una genética narrativa, sino advertir convergencias en el mundo cultural, literario y artístico de nuestros días, sean ellas manifiestas o implícitas. En definitiva, como señala Piglia, citando a Borges, la ficción es tanto una cuestión de recepción como de arquitectura creativa:[4]

> Quizá la mayor enseñanza de Borges sea la certeza de que la ficción no depende sólo de quien la construye sino también de quien la lee. La ficción es también una posición del intérprete. No todo es ficción (Borges no es Derrida, no es Paul de Man), pero todo puede ser leído como ficción y de creer en su poder. La ficción como una teoría de la literatura. (Piglia 2005, p. 28)

Algunas de las ficciones televisivas contemporáneas que estudiaremos en este trabajo son, por consiguiente, una interesante muestra de esta interacción, al superar contenidos meramente recreativos —concebidos únicamente a partir del tradicional modelo de negocio televisivo— para constituirse en creaciones audiovisuales de compleja factura artística y de elevada calidad narrativa. La aceptación del campo cultural y también académico de las nuevas narrativas es una evidencia inequívoca de la legitimación de las teleseries y del interés por la *Quality Television*, de la que *Breaking Bad, Black mirror, Narcos* o *Shetland* son un manifiesto ejemplo.

A pesar, no obstante, de que el proceso descrito es un fenómeno marcadamente actual, debido al hiperconsumo contemporáneo (Lipovetsky, 2016), lo cierto es que la atracción del ocio por la cultura y viceversa no es un fenómeno en modo alguno inédito en la historia de las artes y la literatura. La calidad filosófica, política o literaria de las comedias de Lope de Vega, Shakespeare o Calderón nació, en gran medida, al amparo del alcance

---

4   Martín Escribá y Canal i Artigas (2019, p. 19) señalan esta misma cuestión a propósito de la delimitación del macrogénero negro-policial, con notable protagonismo en este trabajo: "No podemos estar más de acuerdo con Jorge Luis Borges cuando escribe que «pensar es generalizar y necesitamos esos útiles arquetipos platónicos para poder afirmar algo. Entonces, ¿por qué no afirmar que hay géneros literarios? Yo agregaría una observación personal: los géneros literarios dependen, quizás, menos de los textos que del modo en que éstos son leídos». De hecho, las etiquetas se convierten en herramientas para identificar divisiones y subdivisiones y son propicias a criterios totalmente subjetivos."

comercial e industrial que alcanzó el teatro como espectáculo, también de entretenimiento, en el período barroco, como acierta a reflejar Carrión (2011) en el título de su monografía: *Teleshakespeare*. En acertada definición de Maravall (1980, p. 194), acerca de la caracterización kitsch del teatro de la época áurea, la innovación artística vino en gran medida motivada por la posibilidad de aburrimiento que tenía una población crecientemente urbana, que empezó a "a ejercer presiones sobre la sociedad para obtener un género de cultura idóneo al consumo. Para satisfacer la demanda del nuevo mercado, se descubrió un nuevo tipo de mercancía, el sucedáneo de la cultura: el kitsch".

Igualmente, los episodios nacionales galdosianos o la complejidad sociológica de la burguesía que reflejan las novelas de Clarín, Tolstoi, Flaubert o Eça de Queirós surgen de las novelas folletinescas o por entregas, dado el auge de la prensa periódica en la emergente sociedad burguesa del XIX.

Series televisivas, teatro, novela... contaminación en estado puro. De modo que, como antaño, la experiencia de nuestros días nos llevará necesariamente a revisar los límites del campo cultural:

> Lo dicho sin duda nos obliga a replantearnos los límites del «campo» cultural (Bourdieu, 2008): de sus agentes –y pacientes–, de su autonomía o heteronomía con respecto a otros campos (de distinción mucho más problemática hoy que hace unos años), de las apropiaciones de capital cultural y su impacto en una economía creativa mucho más amplia, de la producción de cultura y de sus sucesivas postproducciones, de las rutinas productivas requeridas en cualquier sector y en particular de las rutinas educativas que formarán para esos sectores productivos, de nuestra responsabilidad como modestos, pero crecientemente empoderados, productores, prescriptores y consumidores de cultura y ocio. (Rodríguez Ferrándiz, 2011)

Industria cultural y democratización estética: La revolución televisiva

> Hasta hace poco, toda la televisión tenía como único objetivo vender. No vender historias, por supuesto, sino vender los intermedios de esas historias. Y, en consecuencia, se han emitido muy pocos programas que pudieran interferir con la misión de glorificar a los televidentes como endeudados consumidores por la gracia de Dios y, desde luego, nunca una serie continuada. Durante medio siglo la televisión comercial ha creado sus programas alrededor de los anuncios y no al revés, como pudiera parecer a alguno. [...]

Lo primero que tuvimos que hacer fue enseñar a la gente a ver televisión de forma distinta, a detenerse un instante y a prestar atención, a sumergirse en la historia de un modo que el medio televisivo hacía tiempo que no les exigía.

Y tuvimos que hacerlo, para mayor complicación, utilizando un género y unos tropos que durante décadas se habían considerado como terreno de las narraciones más básicas y obvias. Hace tiempo que la narración policíaca se ha convertido en un arquetipo central de nuestra cultura, y el laberinto del centro de nuestras ciudades ha reemplazado al vacío e implacable paisaje del oeste de Estados Unidos como el escenario principal de nuestras historias con moraleja.

[...]

The Wire, en cambio, aspiraba a otra cosa. En concreto, nos aburría el bien y el mal. En todo lo posible, abandonamos rápidamente ese tema. (Álvarez, 2013, p. 2)

Esta larga cita de uno de los creadores de *The Wire*, quizás la más icónica, junto a *The Sopranos*, de la era televisiva iniciada a finales de los 90, vincula la laureada ficción serial a la apuesta que el canal de pago HBO había acometido para renovar su programación. En efecto, el eslogan de la cadena "No es televisión, es HBO" apuntaba a unos contenidos que se desviaban de la oferta que las cadenas habían dispuesto hasta entonces, optando, además, por un modelo de negocio diferente al de los canales generalistas, muy condicionados por el *share* y los ingresos publicitarios.[5] La principal apuesta por una serie que rompía los patrones clásicos de las teleseries sería *The Sopranos*, que, a lo largo de las seis temporadas que estuvo en pantalla, presentaba las historias e intrigas de Tony Soprano, jefe de la mafia italiana de New Jersey:

La ficción, que debutó en enero de 1999, contribuyó más que ninguna otra a cambiar la percepción que se tenía sobre las series, que de este momento en adelante empezarían a ser consideradas seriamente como una forma artística. Alrededor de *The Sopranos* se creó el consenso de que se trataba de una obra que debía tratarse de una forma diferente a como se hacía hasta entonces con las series, como si esta no perteneciera de hecho al mundo de la televisión, sino a un ámbito más cercano

---

[5] "And the revolution began not just with the talent creators of these shows —television had, after all, been no stranger to creative geniuses, going back to Rod Sterling and Paddy Chayefsky— but with dynamic shifts in the television business itself, and in the many ways people watched TV. [...] But many smart executives realized that they could do very well making shows those smaller audiences would care passionately about. You can make money on a show watched by three million people, if they're the «right» three million people, paying close attention." (Sepinwall, 2012, p. 3–5)

a la alta cultura. Sin embargo, los elementos que presentaba la serie no podían ser más televisivos, empezando por la posición en primer plano que ocupaba la familia —un concepto que como hemos visto ha sido preeminente en las series desde sus inicios—, justamente por su condición de ficción doméstica (entendiendo doméstica en el sentido de que transcurre en la intimidad del núcleo familiar y es compartido por todos los miembros de la familia). (Torre, 2016, p. 472)

The Sopranos enseguida aunó una audiencia que se mantenía fiel a una forma de narrar. El argumento y la caracterización de los personajes huía de la presentación maniquea del estereotipo del género gansteril para presentarnos a un mafioso que abría el primer capítulo de la serie en la consulta de su psicóloga, aquejado de sus problemas existenciales, de pánico y ansiedad. Brutal y afectuoso, promiscuo pero familiar, amoral, pero con códigos de conducta, el capo de la familia apuntaba a un anti-héroe de largo recorrido en las series de éxito, como veremos también a propósito de *The Wire* o *Breaking Bad*, rompiendo el arquetipo policial, gansteril o detectivesco de las ficciones televisivas al uso de las cadenas en abierto.

La apuesta de HBO dejó huella e inició una competición —también en las televisiones generalistas— por ofrecer historias de calidad narrativa, que pronto se convertirían en objeto de deseo de programadores y audiencia. Si bien, los índices iniciales no siempre se correspondieron con el éxito de crítica y público posteriores. Por ejemplo, *The Wire* pasó en televisión sin unos resultados espectaculares de audiencia, hasta el punto de que la cadena valoró cancelar su emisión. Fue el circuito que siguió en internet y el masivo seguimiento que tuvo, la razón de su conversión en un producto de culto, no solo consumido globalmente, sino estudiado en universidades y centro de estudios críticos y teóricos.

De modo que un factor indispensable en el éxito y la proyección masiva de las ficciones televisivas fue la red y el intercambio y divulgación de materiales en soporte digital, transciendo las limitaciones de tiempo y espacio que la visión analógica tradicional imponía. La revolución virtual dotó a las producciones de un alcance global impensable hace años y cambió notablemente la recepción del producto —véase el éxito de *The Wire*, alterando la relación entre el medio, el producto y el consumidor.[6]

---

[6] "Los espectadores se dividieron en dos grupos: los que mantuvieron la dosis del episodio semanal a pesar de la disponibilidad y los que veían todos los episodios

El alcance global de los artefactos televisivos superó el radio local de la ficción estadounidense o escaladamente global, como había ocurrido hasta entonces, para convertirse en una experiencia síncrona de consumo cultural generalizado. Por ejemplo, el capítulo final de *Lost* fue emitido en simultáneo en ocho países al mismo tiempo.

Naturalmente esto alteró también la disponibilidad de los contenidos, ya que las compañías necesitaban hacer frente al intercambio pirata de archivos digitales (aunque también repercutía positivamente en ellas, al popularizar el producto). Así fue como los canales activaron servicios con los nuevos dispositivos de grabación y, posteriormente, de visualización en *streaming*, permitiendo el acceso a los usuarios en cualquier momento y circunstancia.

El producto se adecuaba a la ligereza de la época actual descrita por Lipotetsky (2016) y a la generalización de los dispositivos ultraleves, que modificaron nuestros hábitos de ocio y consumo cultural.[7] Además, las redes sociales permitían poder compartir la crítica y opinión con millones de usuarios en todo el mundo y activar nuestra creatividad prosumidora (Scolari, 2013), originando narrativas transmedia, a partir de la ficción televisiva original.[8]

El mayor exponente del negocio televisivo por vía digital fue la plataforma Netflix, que, tras un acuerdo con las principales compañías y cadenas, dispuso sus contenidos seriales —antes de adentrarse en producciones propias— en su servicio de vídeo bajo demanda (VOD). El impacto de las series en las

---

disponibles lo antes posible. Como en anteriores ocasiones en las que los hábitos de consumo habían creado dos tipos de audiencia diferentes, los creadores podían elegir a qué tipo de audiencia dirigirse. Podían ajustarse a los primeros y concebir las series para un consumo en dosis episódicas o podían ajustarse a los segundos y pensar en la temporada entera como una unidad narrativa." (Torre, 2016, p. 618)

[7] "Ahora bien, a lo que asistimos en la actualidad es a una "hiperreproductibilidad" del producto cultural convertido en una matriz numérica, que por un lado estimula la demanda –al facilitar la disponibilidad y permitir esa avidez insaciable de nuevos productos que es rasgo distintivo del consumo cultural telemático– y por otro propicia la gratuidad del producto en sí, debido a los intercambios cooperativos (las licencias "creative commons" y los "copylefts", los protocolos p2p de intercambio de archivos mp3 o mp4 y la circulación de software libre), así como las redes sociales (Facebook, MySpace, Twitter) que estimulan el intercambio y las páginas especializadas en música (Spotify, Goear, Lastfm, Grooveshark), fotografía (Flickr), vídeo (YouTube, BlipTV) y cine (Peliculasyonkis, CineTube)." (Rodríguez Ferrándiz, 2011, p. 150)

[8] La página web de *Breaking Bad* en la cadena AMC es un buen ejemplo de ello, con testimonios, blogs, cómics o juegos sobre la serie.

potentes industrias televisivas motivó naturalmente una importante inversión presupuestaria en las ficciones, a la hora de integrar creadores de prestigio y actores de éxito hollywoodiano, lo cual incrementó su calidad[9] y consolidó, inicialmente, su hegemonía global en detrimento de las producciones autóctonas. A pesar de que, en España, encontramos ejemplos transmediales, en la conversión televisiva de novelas de éxito, como *Crematorio*, de Chirbes, o *El tiempo entre costuras*, de María Dueñas, lo cierto es que la primera generación de televisión en *streaming* estaba prácticamente copada por el audiovisual estadounidense:

> La expansión territorial de las grandes marcas estadounidenses por mercados de todo el mundo (a principios de 2016 el servicio de Netflix ya llega a 190 países) diluye las fronteras que hasta hace poco dividían a la industria televisiva. El concepto de ficción nacional cada vez es más relativo en la medida en que la emisión de series en múltiples territorios es cada vez más habitual. De las series concebidas para la audiencia nacional se está pasando a las series concebidas para el mercado global, un contexto en que la identidad de la industria audiovisual de un país queda difusa a menos que este tenga una larga tradición detrás y sepa proyectarla al mundo. (Torre, 2016, p. 631)

Esta expansión internacional enseguida pasó a tener un componente bidireccional y ficciones tanto de facturación como de ambientación local pasaron a tener protagonismo global, tal como veremos en el tercer capítulo. En 2016 Netflix producía su primera serie de habla no inglesa. La brasileña *3%* (Aguilera, 2016) constataba el interés del consumidor por productos ambientados en diferentes geografías.

La nueva forma de emitir y consumir —teniendo en cuenta su carácter masivo y asíncrono— comenzó también a condicionar la elaboración de contenidos. El temor al *spoiler*, dado el diferente momento del visionado, la divulgación de comentarios críticos en la red o la aceptación en los guiones de los gustos de los espectadores determinaban la configuración de la trama a medida que se construía la narración.

---

[9] Pérez de Algaba (2013, p. 308) señala el elemento tecnológico como factor importante en el aumento de la calidad de las ficciones seriales: "gracias al aumento de la dimensión de la pantalla de televisión que, intentado llevar la experiencia cinematográfica a los hogares, proporciona nuevos soportes sobre los que recrear el lenguaje del cine."

El caso de *Breaking Bad*, de la que nos ocuparemos enseguida, es un manifiesto ejemplo de ello. Fue estrenada durante la huelga de guionistas, de modo que pasó bastante desapercibida en su estreno (Torre, 2016, p. 571).[10] Sin embargo, fue ganando audiencia y atención a medida que Walter White iba escalando posiciones en la estructura del crimen organizado de Albuquerque, hasta el punto de modificar el calendario de la presencia del drama en pantalla. Así, la última media temporada se ralentizó para poder incorporar al final de la serie al creciente número de espectadores que se habían ido sumando poco a poco (Torre, 2016, p. 608).

Breaking Bad en pantalla

Breaking Bad forma parte del selecto grupo de series que, junto a las anteriormente citadas, ha concitado un mayor interés de audiencia y crítica. Tras ser descartada por HBO comenzó a emitirse en la cadena de pago AMC el 20 de enero de 2008 y concluía la quinta temporada el 29 de septiembre de 2013, venciendo las dudas iniciales de los ejecutivos, sobre la arriesgada narración de Vince Gilligan:

> "*Breaking Bad* was about the biggest risk we could have taken at the time," says Collier. [ejecutivo de AMC] "If you're an ad-supported cable network, looking to move from a beautiful period piece and match it with something modern-day, you would quickly say there is no context for saying yes to this show." (Spinwall, 2012, p. 348)

A lo largo de las cinco partes de la serie contemplamos la transformación del pusilánime profesor de química de instituto, Walter White —padre y esposo ejemplar, adorado por familia y vecinos— en el monstruoso y malvado Heisenberg, gánster en el negocio de la metanfetamina con su inseparable socio Jesse Pinkman.[11]

---

[10] Cobo Durán (2013, p. 224) atribuye a esta huelga el final abrupto de la primera temporada: "La primera temporada de la serie estaba planeada con un total de nueve capítulos y no siete, una consecuencia de la huelga de guionistas (de hecho estaba previsto que Jesse fuese asesinado en el noveno capítulo)."

[11] Sepinwall (2012, p. 339) relata la anécdota que sirvió de base a Gilligan para idear la historia: "A few years after *X-Files* ended, Gilligan was talking with Thomas Schnauz, a film-school classmate who had worked with him on both *X-Files* and its short-lived spin-off, *The Lone Gunmen*. Both men were bemoaning the lack of writing jobs like

La primera temporada, emitida hasta el 8 de marzo de 2008, nos presenta a la familia de Walter White, su mujer, Skyler, embarazada de meses, su hijo, Junior, con una discapacidad parcial y sus cuñados, Hank Schrader, agente de la DEA (cuerpo policial anti-droga) y Marie. El protagonista acompaña a su cuñado en una redada anti-droga y conoce a un camello de poca monta, Jesse Pinkman, antiguo alumno, con el que decide comenzar un tenebroso negocio: cocinar metanfetamina. El motivo, dejar un patrimonio económico a su familia, una vez que el cáncer que le acaban de diagnosticar le impedirá continuar a ser el sustento de la modesta economía familiar. Walt va introduciéndose poco a poco en el peligroso mercado de la droga, para lo que adopta un seudónimo, Heisenberg, y un renovado aspecto (se rapa el pelo, se deja perilla y se hace acompañar de un sombrero), cuya máscara pretende proyectar temor y respeto en el mundo gansteril, al tiempo que ahuyenta el propio.

La segunda temporada estuvo en pantalla del 9 de marzo al 31 de mayo de 2009. La vida oculta que lleva Walter con su familia comienza a agrietarse. Las recurrentes excusas por la enfermedad son cada vez menos creíbles, aumentando las dudas y sospechas de Skyler. A su vez, Walt conoce, por medio del abogado Saul Goodman, a un capo de la mafia, el respetable empresario de la cadena Pollos Hermanos —de reputación intachable—, Gus Fring, un *self made man*. Pero su socio Jesse se enamora y sus planes parecen comprometerse por la ascendencia de su novia, Jane, que chantajea a Walt. En un momento de azar, y de la pendiente de perversión por la que se encamina White, entra en el dormitorio de Jesse y Jane, ambos duermen bajo los efectos de la heroína y, en un golpe de (mala) fortuna, ella queda boca arriba y se ahoga en su propio vómito, ante la omisión de socorro de Walter. El trauma que la muerte causa en su padre, controlador de vuelos, motivará el choque de un avión de pasajeros, cuyos restos se esparcen sobre la vivienda familiar de los White. Teoría del caos en estado puro.

El hilo conductor de la tercera temporada, que se proyectó un año más tarde, del 21 de marzo al 13 de junio, es la fractura entre Walt y Skyler,

---

the ones they had shared. As a joke, Schnauz mentioned an article he had read about a man who put a meth lab in the back of an RV, and suggested they could try that if their careers went further south. «And as we were laughing, about it, it was one of those eureka moments that are few and far between for a writers,» recalls Gilligan."

que descubre la doble vida de su marido y sus actividades ilícitas, exigiéndole el abandono del hogar y el divorcio. Por su parte, Hank Schrader está obsesionado con la captura de Heisenberg, el narco enigmático que tiene en vilo a toda la DEA. En el lado de la metanfetamina, Fring pone a disposición de Walter un sofisticado laboratorio en el sótano de una lavandería y un ayudante sumamente competente, un brillante químico, Gale Boetticher, que admira las capacidades de Walter, a quien venera y toma por maestro. Walt exige conservar a Jesse, cuyos arrebatos están a punto de conseguir que los secuaces de Gus Fring los asesinen. La jugada ideada por Walter es convencer a Pinkman que asesine a Gale e impedir que este tome el relevo del laboratorio. Así que Fring se verá obligado a mantenerlos vivos y en nómina, como *cookers* únicos de un producto, la metanfetamina azul, cuya pureza da sustanciosas cantidades de dinero.

La cuarta temporada, que va desde el 17 de julio al 9 de octubre de 2011, es un juego de ajedrez entre Fring y Walt. El primero trata de ganarse a Pinkman, garantizar su fidelidad, que se decida a elaborar la metanfetamina sin White y, por lo tanto, poder sacar a este de en medio. White sabe que debe vencer a Fring; primero convenciendo a Jesse de las perversas decisiones del empresario de Pollos Hermanos (lo acusa de envenenar al hijo de su novia —luego sabremos que el responsable fue Walter—) y más tarde, en una astuta jugada, eliminar a Fring. Entretanto, Hank desconfía de Fring y le pisa los talones, lo cual hace que Walter tenga que extremar los cuidados en una doble dirección: en la pugna que mantiene con Fring y en el avance de las investigaciones de su cuñado, cuyos pasos vigila aprovechándose de la proximidad familiar.

Al final de la temporada White consigue aniquilar al empresario de Pollos Hermanos. Como Fring había eliminado a todo el cártel de México, Walter consigue llegar a la cúspide de la pirámide de la droga. Había ganado la partida.

Casi dos años, desde la emisión del último capítulo de la temporada anterior, tendrán que esperar los seguidores de la serie para conocer el desenlace. La última temporada se divide en dos mitades, lo que prolonga esta parte desde el 15 de julio de 2012 hasta el 29 de septiembre de 2013. En esta última temporada Walter, Jesse y Mike (ex-policía y antiguo guardaespaldas y hombre para todo de Fring) comienzan a trabajar juntos, cocinando la metanfetamina utilizando como pantalla una empresa de fumigación de casas. La DEA empieza a tirar del hilo de las donaciones que llegan a nueve encarcelados por delitos de droga, cuyo silencio compraba Mike. El departamento policial consigue llegar hasta ellos y Walter White tendrá que recurrir a un grupo de neonazis para llevar a cabo un ajuste de cuentas en prisión, que aborte declaraciones inculpatorias para todos ellos. Walter ha llegado a un pacto con Skyler, que asume el blanqueado de la fortuna acumulada de 80 millones, empleando como tapadera el lavado de coches, en el que había trabajado. Dispuesto a llevar la tranquila vida familiar que ansía, un despiste (o no) ocasiona que Hank lo descubra y le ponga cara al Heisenberg que persigue con ahínco hace tiempo. A partir de ahí, se desencadena el trágico desenlace de la obra que cubren los últimos capítulos.

El dramático final compone una compleja estructura narrativa, cuya profundidad conceptual y compositiva transciende la sintética sinopsis de las cinco temporadas. La construcción narrativa de *Breaking Bad*, como las series que se han referido en este apartado, permite superar el mero entrenamiento (de nuevo Vila Matas) y se adentra en los heterogéneos repertorios del hodierno campo cultural.[12] El comportamiento de las industrias refleja un aspecto central de la cultura (y literatura) posmoderna, caracterizada por su carácter masivo y global y la consabida democratización estética que originan sus contenidos:

> El posmodernismo está íntimamente relacionado con la consolidación del fenómeno de la masificación del arte: la industria de la cultura, como cualquier otra, está firmemente basada en la economía de mercado, y la novela posmoderna así lo atestigua. La intertextualidad, por ejemplo, pero también todos los mecanismos de la cita, apropiación y parodia, funcionarán mediante la inclusión tanto de textos canónicos como de lo que se viene denominando paraliteratura (*best sellers*, letras de canciones, series de televisión o culebrones), situando todo ello al mismo

---

[12] Sánchez Noriega (2009, p, 204) explica que las tensiones entre entretenimiento y arte son un constante caballo de batalla del cine: "El cine necesita de grandes públicos, lo que ha solido llevarle hacia el espectáculo y el entretenimiento de masas, mucho más populares que el espacio del arte y de la cultura, el otro polo de identificación. Pero ya en la segunda década de su historia, se reivindica el valor artístico y se busca la legitimación cultural del cinematógrafo mediante su aproximación al teatro en el film d'art. Arte y negocio, cultura e industria… son los polos en los que se asienta la identidad del cine, en una tensión no siempre equilibrada, de forma que parece más excepcional que habitual la conciliación o compatibilidad entre esos factores de identidad."

nivel y deconstruyendo la diferencia tradicional entre alta y baja cultura. (Lozano Mijares, 2007, p. 189)

Los productos narrativos contemporáneos y su pluralidad medial se construyen como una continuidad de los recursos literarios de las obras clásicas,[13] que configuran nuestros patrones estéticos actuales. Las ficciones, que a finales de los noventa fueron la gran apuesta de los canales televisivos, encontraron la calidad narrativa que perseguían en otros medios y en diversas referencias culturales:

> Con la introducción de la segunda pantalla se da un paso atrás en este sentido, pues el ritual cinematográfico aplicado a las series implica una predisposición a la contemplación y la observación estética de las mismas, detectando sus valores culturales, identificando la mirada del autor que tienen detrás, apreciando los significados existentes más allá de la historia que se desarrolla y reconociendo las referencias culturales y las relaciones con otros géneros narrativos. (Torre, 2016, p. 601)

De estas referencias —la referencialidad universal de la literatura— y de esas relaciones con otros medios —el literario— nos ocuparemos en los capítulos que siguen.

---

[13] "Desde que la serie televisiva *The Wire* se transmitió he leído tantos elogios sobre ella que no exagero si digo que he vivido varios años esperando robar un tiempo al tiempo para verla. Lo he hecho, por fin, y he gozado con los episodios de las cinco temporadas como leyendo una de esas grandes novelas decimonónicas —las de Dickens o de Dumas— que aparecían por capítulos en los diarios a lo largo de muchas semanas." (Vargas Llosa, 2011)

La ficción global

2.1 Borges en *Breaking Bad*

Breaking Bad fue recientemente seleccionada por la web especializada Metacritic como la mejor valorada de la historia de la televisión, aspecto que —sea dicho de paso— revela los nuevos mecanismos virales y de descentralización crítica. La creación de Vince Gilligan, más allá de su importante impacto en las audiencias, exponencialmente impensables hace unas décadas, expresa, como hemos señalado en el capítulo anterior, la creciente canonización cultural de las teleseries, de millonarios presupuestos y agrupamiento de talento creativo: producción, interpretación y narración.[14] Ello ha tenido un notable reflejo en la atención crítica y académica, como manifiestan los diversos trabajos dedicados a la obra en capítulos de libro (Carrión, 2011; Sepinwall, 2013 o Martin, 2014) o en monografías completas (Cobo Durán y Hernández Santaolalla, 2013; Koepsell y Arp, 2012).

La historia del hombre malogrado que sucumbe a su codicia responde a una amplia tradición cultural, que han puesto de relieve diversos artículos sobre esta ficción (Ríos, 2013; Fernández Pichel, 2013; Santaolalla, 2013; Rubio, 2013 o Vargas Iglesias, 2013). Bien es verdad que los estudios citados sucumbieron a la inmediatez de proyección y consumo de la serie, ya que

---

[14] Romero Bejarano (2013, p. 311) cifra en tres millones de dólares el coste de cada episodio. El presupuesto de los mismos sería incrementado a partir de la tercera temporada.

muchas de las aproximaciones críticas preceden a su final,[15] lo cual, a mi modo de ver, ofrece una perspectiva parcial de la misma, puesto que los capítulos finales resultan importantes para completar su estructura narrativa o la complejidad del personaje protagonista. De modo que trataremos de complementar el conocimiento existente sobre la obra con este análisis sobre la química de la transformación que presenta esta ficción, que aúna códigos del lenguaje cinematográfico, televisivo y literario (Pérez de Algaba, 2013, p. 309).

La historia de Walter White, de anodino profesor de instituto a capo de la droga, dibuja un monstruo insólito, posmoderno, que nos interpela sobre cuestiones éticas y estéticas. La narración propuesta, que exige el esfuerzo interpretativo del espectador, refleja motivos recurrentes en los textos literarios, de Borges a Bolaño, siempre con Cervantes como telón de fondo. No resulta casual, de hecho, que el elemento que permite desmadejar todo el entramado delictivo sea la obra de Walt Whitman, *Leaves of Grass*, curiosamente prologada en español por el propio Borges.

La trama de *Breaking Bad* nos ofrece, pues, un interesante juego de espejos e identidades vacilantes, que configuran la condición monstruosa de su protagonista, edificada sobre la distorsión que origina su aparente normalidad y su insulso comportamiento. El mecanismo compositivo de la serie contribuye, asimismo, a una exigencia interpretativa. La recurrencia a analepsis y prolepsis y a procedimientos circulares tiene por finalidad profundizar en los espacios de ambigüedad, que demandan esfuerzo y cooperación del espectador, siguiendo la tónica de la estética posmoderna. Como en la crónica anunciada de García Márquez, la acción se subsume en ese instante trágico, en ese vacío existencial del hombre cuando se sabe condenado.

El eje narrativo en torno al doble y al suspense nos permite advertir analogías con Borges y con la reescritura del género policíaco. La función del detective en la ficción literaria, advertida por Walter Benjamin (2015), McHale (1987) o Piglia (2005) asoma como trasfondo de este juego de persecuciones, ocultaciones e identidades esquivas. *Breaking Bad* subvierte el género policíaco, ya que la sagacidad y perspicacia, habituales en el investigador, son ahora propiedad de este Prometeo posmoderno que es Walter White-Heisenberg: un Jano bifronte que pone a la sociedad contemporánea ante sus contradicciones.

---

[15] Por ejemplo, la interesante monografía coordinada por Cobo Durán y Hernández Santaolalla (2013), cuya publicación se anticipa a su desenlace.

El protagonismo duplo también atañe a la inseparable y estrafalaria pareja que conforman Walter White y Jesse Pinkman. La parodia de los géneros de éxito masivo, las "caballerescas" series de acción, o la metaficción para abordar cuestiones filosóficas o conceptuales profundas señalan una interesante complicidad con el *Quijote*. En *Breaking Bad* también las insólitas aventuras serán el camino para introducir reflexiones de calado sobre la angustia del hombre contemporáneo, sobre identidades rotas y confusas y sobre la (no) realización personal en un entorno social hostil.

El *último minuto* de Walter White: *Breaking story line*

Como Santiago Nasar, sabemos desde el inicio que Walter White está condenado a muerte. La etiqueta dramática de esta ficción permite intuir que el cáncer terminal hará antes o después su trabajo (revelador cuando una despechada y depresiva Skyler le comunica que lleva muchísimo tiempo esperando a que la enfermedad se reproduzca), sino acortan previamente los plazos los traficantes, sicarios o una redada violenta de la DEA, con tiroteo incluido. Como en la narración invertida de García Márquez, la suerte y sentencia de White están echadas desde el minuto uno, solo la fidelidad de la audiencia hará que el interregno argumental que va desde el diagnóstico de cáncer hasta su muerte sea más o menos prolongado.

Breaking Bad, como se ha comentado a propósito de *The Sopranos*, no renuncia a apoyarse en los mecanismos propios de la televisión de entretenimiento, por la que circulan en abundancia "cops, crooks, slingers and slayers", con los motivos propios del cine de acción, que, sin embargo, han cambiado el drama televisivo para siempre (Sepinwall, 2012). Lo hace apropiándose de unas estrategias narrativas poco habituales en el medio, pero cuya rentabilidad transmedial termina trasvasándose a la ficción televisiva. Al fin y al cabo, estamos ante un diálogo constante de naturaleza interartística que prima antes el procedimiento que una compartimentación en medios y géneros, poco rentable hoy en día:

> Así como no hay géneros para el escritor contemporáneo, sí que existen los procedimientos (para emplear una palabra querida por los formalistas rusos). No es lo mismo la demora que la anticipación, la descripción que la acción, la aplicación de una metáfora que la designación directa. Una voz confesional no actúa igual que un narrador omnisciente, el monólogo no tiene las mismas consecuencias que el diálogo. No se comportan de la misma manera las estructuras lineales y las

superpuestas, el orden cronológico y la fragmentación temporal. La estrategia de la digresión se opone a la estrategia de la síntesis, el eje del desarrollo va en sentido contrario al eje de la elipsis. Todos ellos son recursos que el escritor aprende a distinguir, manejar y combinar. Incluso aunque no sepa o no quiera nombrarlos. (Piglia, 2007, p. 126)

En la construcción de *Breaking Bad*, se pueden, por lo tanto, percibir apropiaciones intermediales al propósito de la obra. Es verdad que la redacción del guion, que coordina y supervisa Vince Gilligan, no obedece a un plan preestablecido, impuesto por la naturaleza serial y progresiva del producto,[16] pero el conjunto narrativo encaja en las formas de narrar posmodernas, sean gráficas, novelísticas o cinematográficas.[17]

La totalidad de la historia, merced al giro que aportan sus últimos tres capítulos, posibilita efectuar una interpretación abierta de la esquiva identidad de White y de su desconcertante comportamiento, para lo cual se renuncia a presentar al espectador una fórmula de exégesis unívoca. Esta condición hermenéuticamente ambigua refleja los propósitos de su creador de no contar una historia de desarrollo previsible: "Me gusta que el creador de una serie o de una película me dé todos los elementos necesarios para mantener mi interés en la historia, pero que a la vez se reserve unos cuantos para que yo mismo pueda hacer algo del trabajo. Me gusta esa manera de contar historias, y yo quiero contar esa clase de historias también" (Gilligan y Van DerWerf, 2013, p. 66).

Creo, por ello, que no es casual que el seudónimo adoptado para la versión malvada del protagonista sea Heisenberg, apellido que remite al científico

---

[16] "Sabíamos un poco menos de lo que sabíamos en la segunda temporada. La segunda temporada ha sido la única en la que, desde el principio, sabíamos exactamente dónde íbamos a terminar. Y resultó así porque pasamos muchas, muchas horas rompiéndonos la cabeza: fue un trabajo muy laborioso y a lo mejor por eso no hemos podido repetir la fórmula. Esta temporada ha estado un poco más cerca del enfoque con el que empezamos la tercera, es decir: sabíamos que había una cierta historia entre Walt y Gustavo y que, de alguna forma, teníamos todos los ingredientes necesarios para crear una gran partida de ajedrez. Pero al comenzar la temporada no teníamos completamente definido cómo se iba a desarrollar esa partida." (Gilligan y Van Derwerf, 2013, p. 62)

[17] Gordillo y Guarinos (2013, p. 186) observan idénticos procedimientos en la innovación narrativa que persigue el subgénero serial dramático: "Las series de culto en la hipertelevisión se ven afectadas por las características del medio en la tercera etapa de su recorrido, entre las que destacan la fragmentación, la hibridación de retóricas y el borrado de las fronteras de género.

alemán Werner Heisenberg, creador del principio de incertidumbre, que resulta fundamental para la teoría de la mecánica cuántica. Esta rama de la física introduce elementos que transcienden las leyes newtonianas, acerca de la posición y velocidad de las partículas, y que ha tenido una interesante transferencia al mundo del arte. Tal como rezaba un panel de la exposición "Cuántica" del Centro de Cultura Contemporánea de Barcelona, citando el descubrimiento del físico alemán, "en el mundo cuántico no es posible medirlo todo con certeza simultáneamente".[18]

Roas (2016: 13) se pregunta —acerca del impacto de estas leyes— si después de la física cuántica, que sacude nuestra interpretación de lo que era real, podemos seguir hablando de literatura fantástica, una vez que tras las aportaciones de Heinsenberg "la realidad deja de ser objetiva y «externa», pues se ve profundamente afectada por el individuo que interacciona con ella".

Por lo tanto, es posible que haya una conciencia de Gilligan, a la hora de organizar diegética y semióticamente *Breaking bad*, respecto a la huella que el fenómeno cuántico y el elemento de incertidumbre física han tenido en la ficción contemporánea.

La narración anti-mimética se impone, pues, en la ficción de este cuarto de siglo y permite establecer diversas analogías con las poéticas de veracidad vacilante, que, de Vila Matas a Bolaño, componen una forma de narrar que rompe con las convenciones de la presentación-nudo-desenlace, ya satirizadas —y minadas— en *La colmena* o *Rayuela*.[19] La "ficción de verdad", discurso de ingreso en la Real Academia Española de Merino (2009), —impostada, autorreferencial, ontológicamente problemática de la narrativa posmoderna

---

[18] La exposición se inauguró el 10 de abril de 2019 y estuvo en el centro hasta el 24 de septiembre de ese mismo año. Tal como se expone en el folleto de presentación, su finalidad es "proporcionar las claves para comprender los principios de la física cuántica a través del arte, la creatividad y la ciencia". Vid. https://www.barcelona.cat/barcelonacultura/es/recomanem/cuantica-centro-cultura-contemporanea-barcelona [consultado el 30 de junio de 2025].

[19] Como en la obra de Cela, en *Breaking Bad* la ruptura de la linealidad argumental exige un esfuerzo de recomposición narrativa al espectador: "En el caso de los dos episodios mencionados, tanto la dentadura como el coche se convierten en elementos fundamentales de anclaje que sirven como guía al receptor durante el resto del capítulo, obligándole a transformarse en espectador activo que va reconstruyendo por sí mismo las diferentes piezas de la historia pese a su aparente desorden temporal." (Lozano Delmar, 2013: 209)

(MacHale, 1987)— acoge una realidad "presidida por lo borroso de la identidad, la amenaza del doble, lo relativo del espacio y del tiempo en los que creemos encontrarnos instalados con tanta certeza, las trampas de la memoria, la peculiar relación que en sus bordes se establece entre la vigilia y el sueño" (Merino, 2009, p. 36). Por eso, a contramano del género de acción, no es la sucesión de hechos lo que destaca *Breaking Bad*, sino ese proceso líquido de transformación individual que se cuela en las costuras de la trama:

> "To me, that is the story," Gilligan told me before the second season. "To me, this is the story about the in-between moments. I think we've all seen the big moments in any crime story. You can't top a movie like *The Godfather*. So what can I do as a filmmaker? At least I can show the stuff that nobody else bothers to show. The in-between moments really are the story in *Breaking Bad* –the moments of metamorphosis, of a guy transforming from a good, law-abiding citizen to a drug kingpin. It is the story of metamorphosis, and metamorphosis in real life is slow. It's the way stalactites grow, you stare at it and there's nothing, but you come back 100 years later and there's growth." (Sepinwall, 2012, p. 352)

Esta ontología oscilante halla su mayor expresión en la condensación narrativa, en el achique temporal de la novela contemporánea (Villanueva, 1977). Ese instante, dramático e intenso, que va desde el anuncio del cáncer de Walter White hasta su muerte y que se abstrae de los episodios de aventuras que rellenan la serie hasta el trágico final del protagonista. Aunque hayan transcurrido cinco temporadas y sesenta horas de metraje, podemos aquilatar el tiempo entre el impacto del fatal diagnóstico, en el primer capítulo, y la imagen postrera en la que Walter yace sonriente y moribundo, en el decimosexto capítulo de la última temporada. ¿Se ríe porque en el laboratorio de metanfetamina es donde realmente ha sido feliz explotando todo su talento?; ¿se ríe porque en la prórroga que le ha concedido la enfermedad ha conseguido sentirse más vivo que en los cincuenta años precedentes? o ¿se ríe porque, al fin, ha engañado a todos y conseguido su propósito de legar un patrimonio holgado a su familia, aunque eso le haya supuesto el repudio general?

Son enigmas que asoman acerca de los fines y metas de este singular narco, que la serie no trata de aclarar, sino que deja absolutamente abiertos, exigiendo del lector/espectador un esfuerzo interpretativo, recompensado por estar inmerso en este desafío estético. *Breaking Bad* muestra el proceso de metamorfosis de un hombre bueno a un hombre malo, pero Heisenberg, ni en los últimos momentos de su actuación, deja de ser Walter. Simultaneidad cuántica en estado puro.

Es, en este último minuto, y tomamos prestado el título de Neuman (2007), de la vida de Walter White, donde se intensifica narrativamente la serie, más propia de los géneros concentrados como el poema o el microrrelato. La dimensión dramática de la historia que sucede en Albuquerque bien podría exprimirse en un cuento del libro de Neuman, si atendemos a la descripción de la contracubierta:

> En los relatos de este libro asistimos a la consumación de la técnica del minuto, a la explotación máxima de los matices y contradicciones de un fragmento temporal muy limitado. Trastornado por una cámara lenta, sutiles bombas de tiempo, las historias de *El último minuto* escenifican una crisis y la retienen, a veces con humor y otras veces con dolor, explorando el instante anterior al abismo. (Neuman, 2007)

El argumento de *Breaking Bad* se puede, pues, decantar en la angustia existencial de su protagonista, en ese momento abisal, que se inicia con el derrumbe de sus certezas y concluye con el éxtasis agónico en el laboratorio de *blue meth* en el que se había sentido, contradictoriamente, vivo. Ese lapso, corto, fugaz, intenso, en el que se inserta una novelística narración de capos y deslealtades, aglutina, con la intensidad de un poema o una minificción, la principal aportación filosófica de la obra: la del extravío del hombre contemporáneo, que se sabe desahuciado en su último minuto. De modo que, más allá de las intrigas, de si el protagonista sale vencedor de la DEA o de su batalla con Fring, lo que realmente atrapa es la lucha de este hombre, anti-heroico, de nobles propósitos familiares, aunque de ejecuciones malignas y monstruosas. El drama se sitúa en la incógnita de saber si consigue vengar socialmente la desconsideración social, si tendrá tiempo de equilibrar sus objetivos, consiguiendo la reconciliación y bienestar familiar que merezcan sus esfuerzos (y que nosotros, espectadores, queremos creer). Walter, como en Borges, se sitúa en la delicada línea entre lo heroico y lo perverso. Si el monstruo se define, según la RAE por un "ser que presenta anomalías o desviaciones notables respecto a su especie", White/Heisenberg no nos puede parecer más extraño, pero, a la vez, más próximo.[20] Esta deconstrucción de su personalidad se apoya en su representación aberrante que se contrapone a la nobleza de su batalla.

---

[20] Fernández Pichel (2013) analiza lo monstruoso y épico en Walter White.

La abnegación de su tarea —en una sociedad que lo infravalora y lo trata con una insultante condescendencia—, la valentía al enfrentarse a la enfermedad, la dignidad para afrontar los costes sanitarios por sí solo dirigen al espectador a una empatía con este anti-héroe.[21] Bien es verdad que, en ningún momento, *Breaking Bad* o *The Sopranos* traspasan la frontera de formas de violencia que serían inaceptables para el espectador, como la violencia de género o familiar, menos tolerables para los mecanismos de atracción de audiencia, a través de la trama doméstica que engancha a espectadores de varias franjas etarias.

El extravío de identidad que sufre y proyecta sobre los más próximos alcanza la estabilidad de sus dominios más íntimos, como la cama matrimonial. Así lo expresa una sorprendida Skyler al comprobar la renovada vitalidad sexual de su pusilánime marido: "are you, Walt?". El cambio de White crea un espacio de indefinición identitaria —presente e inconclusa a lo largo de la ficción— que confunde por igual al propio sujeto, a los espectadores y a su misma esposa, entre enamorada, decepcionada, asombrada y temerosa por y de su marido. El conocido diálogo "I am the one who knocks", en la temporada cuarta, pone en evidencia el derrumbe de las certezas que hasta dos años antes habían sostenido el bien avenido matrimonio de los White:

> Who are you talking to right now? Who is it you think you see? Do you know how much I make a year? I mean, even if I told you, you wouldn't believe it. Do you know what would happen if I suddenly decided to stop going into work? A business so big it could be listed on the NASDAQ goes belly-up. It disappears. Ceases to exist without me. No, you clearly don't know who you're talking to. I am not in danger, Skyler. I am the danger. A guy opens his door and gets shot, and you think that of me? No, I am the one who knocks. [Transcripción del autor]

Al fin y al cabo, el desconcierto que sobrevuela la alcoba del matrimonio en esta secuencia no es sino la expresión de la memoria e identidad confusas del hombre contemporáneo, tan retratado en textos literarios:

---

[21] En este caso, se verifica la función catártica del monstruo defendida por Gil (2006: 12): "Os monstros, felizmente, existem não para nos mostrar o que não somos, mas o que poderíamos ser."

La memoria confusa

Un viajero tuvo un accidente en un país extranjero. Perdió todo su equipaje, con los documentos que podían identificarlo, y olvidó quién era. Vivió allí varios años. Una noche soñó con una ciudad y creyó recordar un número de teléfono. Al despertar, consiguió comunicarse con una mujer que se mostró asombrada, pero al cabo muy dichosa por recuperarlo. Se marchó a la ciudad y vivió con la mujer, y tuvieron hijos y nietos. Pero esta noche, tras un largo desvelo, ha recordado su verdadera ciudad y su verdadera familia, y permanece inmóvil, escuchando la respiración de la mujer que duerme a su lado. (Merino, 2007, p. 36)

El desenlace de la serie genera, por consiguiente, una estructura circular, acotada por los dos cumpleaños de Walter, sobre los que volveremos más adelante. Esta circularidad amenaza claramente la idea de progresividad propia del género televisivo, muy especialmente el policíaco, en el cual, todo final concluye con la victoria de los buenos frente a los malos. Unas historias que se sostenían por sus continuos giros de acción y que podían ser interrumpidas por los más variopintos anuncios publicitarios. El ritmo y la confección narrativa de *Breaking Bad*, por el contrario, suponen una reversión de esta forma de contar y de ver televisión.

En los últimos capítulos, después de la huida-destierro a New Hampshire, Walter regresa a Albuquerque y observa la devastación material, que antes había sido moral. Es un Walter en el que reconocemos al dócil profesor de los primeros capítulos: la barba y el pelo rubio. Su aspecto desmejorado es, sin embargo, indicativo de la acción de la enfermedad y de las pésimas condiciones de su cobijo en el nordeste del país. Episodios antes, el descubrimiento de la DEA y la muerte de su cuñado hace que la escapada de Walter concluya, simbólicamente, también donde todo había empezado: en el descampado en el que había cocinado metanfetamina por primera vez.

El regreso de la trama a su punto de partida pone en entredicho una simplificación de la historia de Walter como un proceso evolutivo del hombre bueno y honrado al gánster malvado. A ello contribuye la organización diegética de la serie. Las frecuentes analepsis del guion potencian la intriga y el suspense y refuerzan los enigmas interpretativos, tal como hemos insistido. *Breaking Bad* se construye, por lo tanto, sobre una arquitectura que rompe los convencionales esquemas de linealidad e incorpora los saltos temporales[22] o

---

[22] Gordillo y Guarinos (2013) analizan algunos de los aspectos de la composición narrativa de *Breaking Bad*, como la funcionalidad de las analepsis. Tomo prestado de su artículo parte del epígrafe de este apartado.

la narración fragmentada e incluso microfragmentos narrativos: los *cold open* que abren varios episodios o una temporada completa son un buen ejemplo de ello.[23] Las teleseries, como antes lo habían hecho la literatura o el cine, incorporan una nueva canonicidad narrativa (Zavala, 2004), que ha modificado el horizonte de expectativas de los lectores/espectadores del siglo XXI:

> Este nuevo contexto de lectura, donde las posibilidades de interpretación de un texto exigen reformular las preceptivas tradicionales y considerar que un género debe ser redefinido en función de los contextos de interpretación en los que cada lector pone en juego su experiencia de lectura (su memoria), sus competencias ideológicas (su visión del mundo) y sus apetitos literarios (aquellos textos con los cuales está dispuesto a comprometer su memoria y a poner en riesgo su visión del mundo). (Zavala, 2004, p. 8)

Esta opción estética persigue desorientar al espectador, generándole dudas sobre el presente narrativo y potenciando las expectativas sobre el desarrollo de los acontecimientos, como es proprio de cualquier ficción serial. Por ejemplo, los *cold open* de la segunda temporada al completo muestran el hogar de los White con ambulancias, juguetes infantiles rotos, dispersos en la piscina o la policía cerrando con plástico un cadáver.[24] Todo parece insinuar el final trágico y dramático de las actividades delictivas de un inexperto Walter al final de esta temporada. Sin embargo, se explica, como llegaremos a saber en el último episodio de este segundo bloque, por la caída de los restos del avión colisionado en Albuquerque, en cuyo accidente nuestro protagonista interviene, de forma casual y azarosa, pero no menos fatal.[25]

---

[23] Lozano Delmar (2013, p. 200) observa procesos similares en las narrativas audiovisuales, en su análisis de los *cold open* de *Breaking Bad*: "De este modo, hoy en día, el espectador está sufriendo una adaptación a nuevos ritmos narrativos, nuevas duraciones que implican una condensación hacia formas más cortas. [...] Esta brevedad, como valor sustancial de estas secuencias introductorias, es una de las características principales del discurso publicitario y puede reflejarse claramente en la mayoría de las formas promocionales audiovisuales."

[24] Lozano Delmar (2013, p. 207) señala también la desorientación que producen en el espectador los *flashforward* que componen estas secuencias introductorias.

[25] Los títulos de los capítulos en los que se introducen estos *cold open* forman una especie de acróstico que anuncia el desenlace de la temporada: "Como curiosidad, resulta importante destacar que si se unen cada uno de los títulos originales de los episodios que comienzan con estos *teasers* en blanco y negro ("Seven Thirty-Seven", "Down",

Los *cold open* de la quinta y última temporada también funcionan como prolepsis, en los cuales se nos muestra a Walter White en coche con matrícula de New Hampshire, y falso documento de identidad, de nuevo con bigote y pelo —despojado ya de la máscara de Heisenberg— y demacrado, lo cual hace presagiar un final no precisamente feliz. Visita su casa en ruinas y la vecina huye como si viera a un fantasma o al mismísimo diablo. Deberemos esperar al desenlace, concentrado en los tres últimos capítulos, para que el tiempo de la historia y el de la narración vuelvan a encontrarse completamente.

A efectos de la señalada circularidad, el más relevante es, quizás, el *cold open* del primer capítulo. Un hombre sin pantalones, ridículo, atemorizado, portando patéticamente un arma, con una furgoneta vieja al lado, improvisa una confesión, grabándose en vídeo.

> My name is Walter Hartwell White. I live at 308 Belmont Avenue, Ontario, California 91764. I am of sound mind. To all law enforcement entities, this is not an admission of guilt. I'm speaking now to my family. (swallows hard) Skyler ... you are ... the love of my life. I hope you know that. Walter Junior. You're my big man. I should have told you things, both of you. I should have said things. But I love you both so much. And our unborn child. And I just want you to know that these... things you're going to learn about me in the coming days. These things. I just want you to know that... no matter what it may look like... I had all three of you in my heart. [Transcripción de los subtítulos por parte del autor]

Tendremos que esperar a la conclusión del capítulo para ver que la sirena que oye un aterido Walt, después de su primera incursión en el mundo de la metanfetamina, no es de la policía, sino de bomberos. Walter White respira. Ha nacido Heisenberg. Sin embargo, el funcionamiento proléptico de esta secuencia puede proyectarse no solo al término de este primer episodio, sino, de una forma más simbólica, al conjunto de la serie. Los últimos pasos de White permiten considerar que este querría que fuese el epitafio con el que le gustaría ser recordado por su familia. Como una muestra de amor que le llevó a realizar las actividades más horrendas. Es cierto que, en su despedida y última conversación con Skyler, niega ya la motivación altruista de su causa, alegando que lo hacía únicamente por sentirse vivo. Con todo, las últimas

---

"Over" y "ABQ") se puede conformar la frase: *Seven Thirty-Seven down over ABQ.* (Lozano Delmar, 2013, p. 208)

decisiones del protagonista generan la incertidumbre —ese principio— de si, al hacer esta última confesión a Skyler, no lo hace también por garantizar la inmunidad judicial de su círculo más próximo y trazar un cortafuegos emocional con sus seres queridos. El paralelismo y superposición de las dos confesiones inciden en la ambigüedad interpretativa, antes señalada, y que alcanza a la identidad de White/Heisenberg. Por ello, es necesario reconsiderar la autoinculpación inicial y la declaración de amor familiar, como una irónica y desencantada confesión que desde el primer minuto se proyecta hasta el ocaso del personaje en el desenlace de la serie.

El juego en bucle de la narración de *Breaking Bad* arroja, pues, un ángel caído, cuya acogida en la sociedad de la que es expulsado solo cobraba sentido con el dócil, sumiso y anodino Walter White, que solo consigue reivindicarse como Heisenberg. Vince Gilligan parece advertir sobre la incompatibilidad entre la excelencia humana y científica que presenta el primer Walt con unas injustas y estúpidas normas sociales, que cierran el paso a quien no se somete a sus rígidos patrones y normas de conducta. Como Walter White, Víctor Frankenstein o Santiago Nasar.

Persecución y juego en *Breaking Bad*. Jano bifronte en Albuquerque

No deja de ser paradójico que el elemento que deshaga el ovillo del misterioso Heisenberg, que tiene en jaque a toda la DEA de Albuquerque, así como a los cárteles de droga del sur de Estados Unidos y el norte de México, sea una simple nota manuscrita en un libro del poeta Walt Whitman, cuyas iniciales coinciden con nuestro protagonista. No deja de ser paradójico, en una serie de paradojas, que sea la sensibilidad en la poesía de la química la que termina por condenar al racional, cauteloso y precavido Walter White. ¿Guiño consciente del guion? Lo cierto es que Vince Gilligan se afanó en presentar, como ya se ha señalado, un producto cultural que transcendiese la maniquea historia de buenos y malos y lo dotase de un complejo juego de identidades, persecuciones y de interacción individuo-sociedad. Consciente de ello o no, la literatura nos sirve como base y modelo para explicar e interpretar las claves constructivas de *Breaking Bad*.

En un giro muy borgesiano, la referencia al poeta americano nos lleva al propio Borges, responsable de la edición y del prólogo de la traducción española de *Leaves of Grass*. Como señala Hernández Santaolalla (2013, p. 140) al mencionar la mediación del escritor argentino en las coincidencias entre los dos WW: "La obra de Whitman se ha convertido en una de las piezas claves de la serie, y *Hoja de hierba* da buena cuenta de ello. En éste, el autor da vida a un héroe con dos identidades interrelacionadas, una «criatura [...] de naturaleza biforme», que es a la vez él mismo y aquel que quería ser, según recoge Borges en su prólogo".

La alusión explícita que se hace al relato "Tlön, Uqbar, Orbis Tertius" en la primera temporada de *Better call Saul*, la *spin off* de *Breaking Bad* y del mismo creador, en un diálogo entre Jimmy McGill y su socio de estafas, parece confirmar la consciencia de los préstamos borgesianos en Gilligan. Las complicidades que el guion de la serie manifiesta con clásicos literarios o cinematográficos materializa esa obsesión por la intertextualidad de nuestros días (Carrión, 2011, p. 45).

Breaking Bad se conduce sobre una estructura de narración policial, en forma de juego.[26] En efecto, desde la primera temporada, Walter parece gozar con la persecución de su cuñado Hank al misterioso Heisenberg, diseminando el terreno de pistas que, ahora atraen, ahora repelen las indagaciones del agente. La sagacidad de Walter, de hecho, supone una inversión de las convenciones del género policíaco, al convertirse en una singularidad del forajido. Esta investigación policial no se construye sobre vacíos de información: todo se presenta a vista del espectador. La privilegiada mente analítica de White apunta a la naturaleza epistemológica del género, ya abordada por Benjamin, que apreciaba, en la novela policíaca y en el detective literario, el ejemplo más acabado de modernidad y de flâneur, de intelecto privilegiado en las confusas y masivas urbes modernas:

> Em tempos de terror, quando cada um tem algo de conspirador, todos podem também desempenhar o papel de detective. A flânerie oferece para isso as melhores

---

[26] El carácter lúdico está también en la base creativa de la confección del guion de la obra: "En la sala de guiones, nuestra responsabilidad es contar una buena historia, una historia interesante desde el punto de vista narrativo: tenemos que ser un poco *showmen*, de alguna manera. Y para conseguirlo, nos esforzamos todo lo que podemos para crear escenas tan poderosas, desde el punto de vista narrativo, como nos sea posible. Teniendo en cuenta todo esto, supongo que la mejor manera de conseguir esa clase de escenas es pensarlas como quien juega a algo." (Gilligan y Van DerWerf, 2013, p. 80)

perspectivas. "O observador", diz Baudelaire, "é um príncipe que em toda parte faz uso pleno do seu estatuto de incógnito". Quando o *flâneur* se torna, assim, um detetive *malgré lui*, a transformação convém-lhe socialmente, porque legitima o seu ócio. A sua indolência é apenas aparente. Por detrás dela esconde-se o olhar desperto de um observador que não perde de vista o malfeitor. Assim, o detetive vê abrirem-se à sua autoestima vastos domínios. Desenvolve formas de reação adequadas ao ritmo da grande cidade. Capta as coisas fugidias, e com isso sonha estar próximo do artista. (Benjamin, 2015, p. 43)

La autoestima y la proximidad al artista, al creador, son aspectos que van a tener mucha incidencia en la configuración de la personalidad y comportamientos de Walter. La prodigiosa inteligencia de Heisenberg expresa la apropiación de la lucidez detectivesca, en cuanto a la naturaleza epistemológica del género policíaco, señalada por McHale (1987, p. 9) y Piglia (2005)[27]. Este último advierte la funcionalidad de la sagacidad del investigador en la emergente cultura de masas:

> El detective se interna en el mundo de la cultura de masas y *actúa como un experto*. Los periódicos son el escenario cotidiano del crimen. Y el género es su doble: nace allí y nace para leer de otro modo y así cortar el flujo de lo que no se deja descifrar. El refinado lector que es Dupin, formado en las librerías de París, en los libros únicos y raros, en la frecuentación de alta cultura, leerá los periódicos como nadie los ha leído antes. Leerá, de un modo microscópico, la tensión que circula en todo el universo social. (Piglia, 2005, p. 84)

La transferencia de los mecanismos de la narración policial desde el género popular a las creaciones de culto será, además, una constante en la ficción actual. Bolaño hará uso de esta apropiación en sus detectives salvajes, apurando el rastro esquivo de los real visceralistas y de Cesárea Tinarejo, que se pierde en el desierto de Sonora, próximo a las vastedades desérticas de Nuevo México en que transcurre parte de la historia de *Breaking Bad*.

La posmodernidad ofrece, en relación con esta clarividente epistemología, un giro más y ya no se trata de asumir la moderna racionalidad que busca un esclarecimiento de la realidad, sino cuestionar su propia naturaleza, representación y centralidad discursiva y performativa. Es el problema ontológico (McHale, 1987, p. 5), que se presenta en *Breaking Bad* y que alcanza, en

---

[27] Piglia (2005, p. 77–102) dedica uno de sus capítulos "Lectores imaginarios" al análisis de la relación entre el género detectivesco y la lectura: el detective como lector.

analogía con los propósitos borgesianos, la metamorfosis (y también parodia) del género policial hacia los difusos contornos del *noir*: "De una cierta interpretación post-épica del wéstern, salpicada por notas de sátira social, pasamos a los territorios de la ambigüedad moral y a la estética nocturna del *film noir* en su variante contemporánea de thriller metafísico" (Fernández Pichel, 2013, p. 118).

La originalidad de *Breaking Bad* acerca del relato negro sobre traficantes o el mundo de la mafia, como *The Sopranos*, radica, como hemos visto, en la singularidad de su protagonista y en su intrínseca bondad inicial, recalcada con el simbolismo de su apellido *white*. En la acción de superhéroes, al modo de Superman o Spiderman, los prodigiosos poderes que transforman al hombre corriente en un excepcional benefactor son también ahora revertidos y White, como Clark Kent, cambia de atuendo y aplica sus extraordinarias capacidades para provocar el *bad*, que el título de la serie subraya. Insistiremos en ello en el siguiente apartado.

Las excepcionales capacidades analíticas del investigador —principal activo de White— son transferidas para que Heisenberg pueda ejercer su dominio y ambición que lo equipara al arquetipo del gánster, ampliamente glosado en cine y televisión. Cuando Walter White afirma que todo su periplo por el lado oscuro de la vida lo hizo por egoísmo, para mantenerse vivo, nos está dando muchas de las claves interpretativas de la ficción. La sociopatía y ludopatía que esconde este narco son el motor que proporciona la vitalidad de unos meses de vida y la recompensa a cinco décadas de frustración y sumisiones. Walt continúa delinquiendo, a pesar de que ya ha satisfecho su propósito económico, por la adicción al poder y a su ego desmedido que lo lleva a querer "fundar un imperio", principal trofeo de su renovada aspiración fálica, que empieza a manifestarse, como hemos visto, en los dominios de su alcoba.[28]

El egocentrismo confeso del protagonista ("lo hice para sentirme vivo") parece contradecirse con la sentida despedida de la pequeña Holly y la última, cariñosa y furtiva mirada que dirige a Walter Jr, que apuntala la dualidad

---

[28] Vargas Iglesias (2013, p. 178) observa en la condición edípica y fálica de Walter White su pulsión por delinquir, por recuperar su posición como figura paterna (a veces arrebatada por su cuñado Hank). La montaña de billetes (o la recuperación del establecimiento del lavado de coches) cumplen esta satisfacción: "La trampa de su orgullo, de su necesidad edípica de preservar el falo, es el operador dramático que invariablemente le lleva a incurrir en lo delictivo."

constructiva del personaje. Aun así, la confesión de Walt también nos reafirma en una intuición que se va consolidando a medida que avanza la trama. El papel de malvado le resulta estimulante y adictivo a medida que se va sintiendo a gusto con el alter ego creado; con el disfraz de Heisenberg, que responde al patrón de gánster que configura el modelo cinematográfico convencional.[29] Así se expresaba Little Melvin Williams,[30] narco de Baltimore, sobre el que se base el personaje de Avon Barksdale en *The Wire*:[31]

> "No es fácil comprarle a tu hija un coche desde la sala de visitas [de la prisión], aunque tengas dinero más que suficiente —dijo—. Así que te preguntas: "¿Cuándo no tuve dinero suficiente? ¿Por qué continué en el negocio cuando hacía tiempo que tenía todo el dinero que quería?"
>
> Porque no es por el dinero.
>
> "Es por tener la sartén por el mango —concedió Williams, reflexionando sobre su legendario estatus en el tráfico de drogas de la Costa Este—. Tener la sartén por el mango es adictivo." (Álvarez, 2013, p. 107)

Las transformaciones en la personalidad de White también pasarán por un proceso de masculinización tópica (Vargas Iglesias, 2013). Además del renacer sexual que manifiesta en los primeros compases, comienza a reproducir actitudes de dominio machista con Skyler, así como a ocupar la posición paterna y paternal, usurpada en ocasiones por su cuñado Hank, prototipo de la masculinidad de la que adolece el primer Walter White[32]:

> Así, con el personaje interpretado por Dean Norris, el equipo de guionistas hizo un magnífico trabajo a la hora de presentárnoslo: en plena fiesta de cumpleaños de Walter vemos a un personaje bravucón y supuestamente gracioso, alardeando de su nueva arma y de los narcotraficantes que detiene: es Hank, que se ha convertido

---

[29] Cobo Durán (2013) advierte los préstamos de Heisenberg con el personaje de Tony Montana en *Scarface*.

[30] El propio Williams, ya rehabilitado, tendrá un papel en la serie como reverendo.

[31] Avon Barksdale también responde a este modelo. Al regreso de la cárcel, cuando su segundo, Stringer Bell, le dice, desde un lujoso ático que divisa toda la ciudad, que ya tienen dinero suficiente y que deben optar por otro modelo de negocio, lejos de la violencia de las esquinas, Avon responde que él quiere sus esquinas, que no es un hombre de negocios: es un gánster.

[32] Por ejemplo, cuando en una fiesta de celebración familiar porque el cáncer comienza a remitir —de nuevo con un importante paralelismo con la conmemoración del cumpleaños del primer capítulo— Walter emborracha a Walter Jr. desafiando a Hank y reestableciendo el orden masculinamente paterno del hogar de los White.

en el centro de atención de todo el mundo. Mientras, a su lado vemos a Walter, su cuñado, sin carisma ni valentía. Sólo han hecho falta cinco segundos para saber a qué tipo de personaje nos enfrentamos. (Buenavista Galván, 2013, p. 244)

En la autoafirmación de White como Heisenberg no es menos importante el retrato de villano, cuyo papel va a interpretar con mayor seguridad a lo largo de la serie. Así se percibe en el tránsito que va desde la primera aparición de Heisenberg —más para ahuyentar miedos—, frente al descerebrado narco, Tuco Salamanca (1x06), al Heisenberg que, ya en la última temporada, obliga, con seguridad en sí mismo, a uno de sus nuevos socios a decir su nombre "Heisenberg" para dejar bien claro quién manda ("Say my name" 5x07). Al fin y al cabo, Heisenberg era el hombre que había descabezado a toda la cúpula del mercado de metanfetamina de Nuevo México. El poder transformador de la química, con que el profesor White instruía a sus alumnos había obrado el milagro en la construcción del nuevo hombre: Heisenberg.

> Por lo tanto, la gran estrategia de Walter para enfrentarse al espectro de posibles enemigos, entre los que se encuentran no sólo los narcotraficantes, sino también los drogadictos y la DEA, es una construcción simbólica, un relato que canta las hazañas de un cocinero del que sólo se sabe que se llama Heisenberg, como cantan Los Cuates de Sinaloa en el *cold open* de "Negro y Azul" (2x07), y cuyo retrato robot sólo indica que lleva sombrero, bigote y gafas oscuras. (Hernández Santaolalla, 2013, p. 132)

En la configuración del personaje, del mito, de la máscara jugará un importante papel la imagen y el retrato de Heinsenberg, con el que pretende soltar amarras con Walter White. Resulta, no obstante, significativo que la primera mutación del aspecto del protagonista, rapándose el pelo y dejándose perilla, suceda nada más conocer el diagnóstico de cáncer. La renovada imagen parece encaminada a componer la efigie con que White pretende ser recordado, espantando, ora los miedos al aspecto desmejorado que pueda ocasionar la enfermedad, ora la apariencia bonachona que comienza a detestar. La decisión de Walter pone de relieve la relación entre retrato e inmortalidad, aquella que White busca a través de Heisenberg:

> A preocupação de imortalidade não é de ordem estritamente metafísica, mas também, como aponta o mesmo ensaísta, de ordem estética: no fundo, trata-se de construir esteticamente uma *presença eterna*, a da verdade de um rosto absolutamente coincidente com a verdade do retrato. Não uma representação ou uma reprodução duradoura, mas uma re-criação (num sentido muito idêntico ao que encontramos

na estatuária funerária egípcia e nos retratos de Faium em particular), interpretados como prolongamentos efectivos do sujeito defunto e suportes imperecíveis do seu elemento vital. É nisto sobretudo que "a estética do retrato implica uma metafísica." (Ribeiro, 2008, p. 275)

El impacto performativo de su nueva figura comienza a dar sus frutos enseguida y Walter junior exclamará entre sorprendido y divertido que su padre ahora parece "un malo". Esta caracterización de malvado de película se va construyendo a medida que avanza la trama: termina incorporando las gafas de sol oscuras y el sombrero negro que compondrán la imagen mítica y temerosa de Heisenberg, concretada en los retratos robot o en el dibujo a lápiz que conservan los hermanos Salamanca del hombre que asesinó a su primo, y a quien quieren vengar:[33]

Figura 1. Retrato de Heisenberg[34]
Fuente: Fotografía del autor.

---

[33] Hermida (2013, p. 272) en su análisis sobre la funcionalidad del color en *Breaking Bad* afirma que los colores beige y blanco predominan en la caracterización del primer Walter White, así como en la representación de Heisenberg se impone el negro, "el color de la negación. Simboliza el poder y la muerte, se asocia con la oscuridad y la maldad, infunde respeto y transmite miedo y desconfianza."

[34] Este retrato es una de las imágenes más características del protagonista, utilizada a menudo en los productos de *merchandising* de *Breaking Bad*, como se puede observar en la tienda oficial de la serie: https://www.breakingbadstore.com/collections/shirts/products/heisenberg-unisex-white-tee-from-breaking-bad.

La imagen de Heisenberg, en consecuencia, opaca a White, en la medida que contribuye a la construcción del macho-alfa, que reina en la estructura piramidal del negocio del narcotráfico. En la elaboración de su imagen, juegan un papel importante los espejos, como proyección, más que como representación de White, a quien Heisenberg pretende trascender:

> A utilização do *espelho*, a metáfora convencional da pintura percebida como *devolução* e/ou *revelação* do *eu*-próprio, entre o ícone absoluto e o símbolo epifânico, assume nos (auto)retratos contemporâneos pragmáticas dissonantes, e particularmente eloquentes no sentido de um distanciamento da função de restituição da imagem entendida como crédito de visibilidade. Incluído como "pintura" dentro do espaço do quadro (na esteira do *experimentum crucis* a que alude Eco), o espelho deixa de ser simples prótese perceptiva, prolongando o alcance do órgão visual, para transformar-se na sua própria caricatura. Quer se trate de espelhos deformantes ou de espelhos planos, o espelho pintado é agora sinal de um "exercício contrafactual" com funções directa ou medianamente alucinatórias. (Ribeiro, 2008, p. 304)

La fascinación que siente al ver en el espejo su renovado aspecto o lo bien que le sienta el sombrero negro o la mecanización gestual al desenfundar de la cazadora su primera pistola, le hace sentirse como un John Wayne de wéstern o un duro de la ficción *noir* que configuran el imaginario cultural sobre el que se construye *Breaking Bad* y que, de alguna forma, termina parodiando.

Asistimos, pues, a una cierta carnavalización del sujeto, del héroe, del arquetipo y, por supuesto, del género, como en la "La brújula y la muerte": "Una discordia de silbidos y de cornetas ahogó la voz del delator. Después, la comunicación se cortó. Sin rechazar la posibilidad de una broma (al fin, estaban en carnaval)" (Borges, 1995, p. 152).

Heisenberg, como el Lönnrot de "La brújula y la muerte", "se creía un puro razonador, un Auguste Dupin, pero algo de aventurero había en él y hasta de tahúr" (Borges, 1995, p. 148). Un tahúr que planea todos los movimientos con la precisión del jugador que es. *Breaking Bad*, como "La muerte y la brújula", es un juego de némesis y espejos, un juego persecutorio: el que establecen Walter White y Gus Fring, en la cuarta temporada, en un duelo de inteligencias[35] y el que se establece entre Hank Schrader y Heisenberg, que cobra su sentido en la anagnórisis de los últimos episodios, desvelado, como se ha dicho, por

---

[35] Mike, antes de ser abatido por Walter White, dice que todo podía ir perfectamente, pero que se fue al traste por su manía de querer ser siempre el primero.

el libro de Whitman, en el que el doble juega, igualmente, un remarcable protagonismo. Podríamos decir que el duelo de Mr. Hyde-Heisenberg contra el agente Schrader, se apoya en la fraterna relación de Jekyll-Walter y Hank, como expresión lograda de los espejos y simetrías borgesianas. De hecho, es al final, en el antepenúltimo capítulo, cuando Walter quiere sobreponerse a Heisenberg, intentando evitar la muerte de Hank, asumiendo la culpabilidad y renunciando al patrimonio acumulado, que ofrece a la banda de neonazis como contrapartida para que dejen vivo a su cuñado. Walter quiere matar a Heisenberg y liberarse de él en ese momento, quizás consciente por primera vez de lo lejos que ha llegado la partida.

Sin embargo, ha jugado mal sus cartas y se queda sin apenas dinero y no logra evitar la ejecución de su cuñado, quien, en el instante de su ajusticiamiento se afirma, no como tal, sino como el agente Schrader, cortando el vínculo sentimental con su "brother in law" y asumiendo que ha sido vencido por Heisenberg. La partida había llegado a su fin y el monstruo Heisenberg, como Frankenstein, había devorado a Hank, pero también a White, su creador.

De hecho, no parecen ser los propósitos de White que Heisenberg se hubiese salido con la suya. Como el Red Scharlach de Borges, va diseminando el campo de pistas, seguro de que el perseverante Schrader terminará encontrándolo. Tal vez para lograr la cuadratura del círculo: él comunicando *urbi et orbi* su inteligencia (su competencia para crear un producto único —aunque nocivo— y la construcción de un imperio de tráfico de estupefacientes) y dejando a su familia en la holgura económica que pretende. Por eso, en una merienda familiar insinúa que el verdadero Heisenberg es alguien de una inteligencia superior al vulgar delincuente que Hank cree haber capturado o cuando minusvalora la admiración de Hank por los conocimientos químicos de Gale Boetticher. También la perseverancia de Schrader, y su obsesión, le hacen proseguir a pesar de una DEA que da por amortizado el caso, con cualquier chivo expiatorio que le sirva para cerrar el expediente. El agente es consciente de que tiene a Heisenberg bien cerca. El descuido del libro de Whitman, impensable en alguien tan meticuloso y precavido como White, puede ser también un indicio del juego detectivesco que Heisenberg propone. En este sentido, la respuesta, como la cábala borgiana, está en un libro y en la química como cábala. Aquella que le concede a Walter la brillante capacidad analítica y hermenéutica, como Scharlach, para ejecutar el crimen, contra la lectura obstinada y recta de su némesis:

Tenemos que imaginar, entonces a Scharlach, un dandy sanguinario y siniestro como lector.

¿Qué lee, dónde, por qué, cuándo, en qué situación? Lee para vengarse de Lönnrot, por lo tanto, lee para Lönnrot y contra Lönnrot, pero también con él. Lee desde Lönnrot (como Borges nos recomienda leer algunos textos desde Kafka) para seducirlo y capturarlo en sus redes. Infiere, deduce, imagina su lectura y la duplica, la confirma. Se trata de una suerte de bovarismo forzado, porque Scharlach de hecho obliga a Lönnrot a actuar lo que lee. La creencia está en juego. Lönnrot cree en lo que lee (no cree en otra cosa); lee al pie de la letra, podríamos decir. Mientras que Scharlach, en cambio es un lector displicente, que usa lo que lee para sus propios fines, tergiversa y lleva lo que lee a lo real (como crimen).

Por supuesto, Scharlach y Lönnrot (esto es, el criminal y el detective) son dos modos de leer. Dos tipos de lector que están enfrentados. (Piglia, 2005, p. 35)

De hecho, el conocimiento al servicio del crimen asoma en el diálogo entre Hank y Walter, donde el primero reflexiona sobre Gale y lo productivo que sería imputar esos conocimientos para hacer el bien. Aseveración que se podría aplicar a su cuñado por el malversado uso de la química: "el lector como criminal, que usa los textos en su beneficio y hace de ellos un uso desviado, funciona como hermeneuta salvaje. Lee mal pero sólo en sentido moral; hace una lectura malvada, rencorosa, un uso pérfido de la letra". (Piglia, 2005, p. 35)

White/Heisenberg, como sus antecesores románticos, proyecta, en su monstruoso comportamiento, una acerada crítica a la sociedad contemporánea en que viven y a los códigos burgueses que imperan, apoyados en una visión acrítica del éxito. Con el plazo de la muerte, White es consciente de su insignificancia en un mundo en que el cariñoso Walter, el padre y marido abnegado, el cuñado amable y el profesor ejemplar solo tienen cabida dentro de la condescendencia y la caridad, cuando no el escarnio. Así como el Don Juan Tenorio zorrillesco agota el plazo para salvarse por amor, Walter White, en la época del escepticismo moral y religioso, agota el plazo para condenarse por amor.

El talento personal e intelectual del protagonista solo consigue manifestarse de forma salvaje en una sociedad amoral e hipócrita (las escenas de sus antiguos socios, ahora billonarios, son elocuentes). White representa el posmoderno Prometeo, como una actualización de la creación de Víctor Frankenstein, cuya osadía por su conocimiento químico y por revertir las leyes naturales —ahora sociales— tiene el castigo de ser devorado por su criatura.

El Jano bifronte que es Walt-Heisenberg, presente también en el libro de Whitman, actualiza la dualidad monstruosa del Red Scharlach borgesiano de "La brújula y la muerte":

> Busco algo más efímero y deleznable, busco a Erik Lönnrot. Hace tres años, en un garito de la Rue de Toulon, usted mismo arrestó e hizo encarcelar a mi hermano. En un cupé mis hombres me sacaron del tiroteo con una bala policial en el vientre. Nueve días y nueve noches agonicé en esta desolada quinta simétrica: me arrasaba la fiebre, y el odioso Jano bifronte que mira los ocasos y las auroras daba horror a mi ensueño y a mi vigilia. Llegué a abominar de mi cuerpo, llegué a sentir que dos ojos, dos manos, dos pulmones, son tan monstruosos como dos caras. (Borges, 1995, p. 159)

El equilibrio dual del protagonista entre las esferas del bien y del mal se torna, sin embargo, imposible. White querría ser Gus Fring, ahora respetable, ahora narco, en un perfecto dominio de la situación. O eso parecía. Pero la capa de respetabilidad de Gus Fring es desenmascarada por la tenacidad de Hank y la ludopatía de White que ponen en evidencia a este pulcro *self made man*. La muerte del empresario de Pollos Hermanos, impasible e implacable capo, se representa con un guiño inequívocamente fantástico, que permite poner al descubierto, como el retrato de Dorian Gray, la putrefacción social del Albuquerque de *Breaking Bad*. Nada más detonar la bomba, tras la emboscada tendida por la inteligencia y las habilidades técnicas de White, vemos salir a Gus impoluto y atusándose la corbata, como si nada hubiese ocurrido, proyectando la sensación de control e inmortalidad. Una vez más el frío Fring se había salido con la suya. Pero el barrido de la cámara nos muestra, antes de desplomarse, la mitad derecha del cerebro hueca y abrasada por la explosión. Como Dorian Gray, la belleza del próspero, altruista y respetable hombre de negocios se descomponía en la decadencia que emerge en ABQ y en la sociedad americana que Gus Fring representaba. El retrato en el momento de su muerte es la representación simbólica de ello.

Como lo es el retrato final de Walter White, muy lejos del Heisenberg que, con tanto esmero se había ocupado en crear. Aparece desharrapado y con una apariencia decadente, que expresa la cara del derrumbe ético de sus meses de exceso, como un Dorian Gray en quien aflora la catadura del hombre que no ha sabido ser.

Al fin y al cabo, la anomalía que es Walter representa la fractura del sueño americano, como una subversión del wéstern, que representa el forajido Heisenberg:

La enorme popularidad de la serie de Vince Gilligan y la entronización de Walter White como nuevo mito de la ficción reside en la habilidad con que la peripecia moviliza en el espectador un desencanto que se corresponde, en un nivel inicial, con el ocaso del idealismo estadounidense. Basta recurrir a la comparativa entre dos planos casi idénticos registrados con un intervalo de sesenta años: en el primero tomado de *Río Rojo* (*Red River*, Howard Hawks, 1948), el ganadero Tom Dunson (John Wayne) y su hijo adoptivo Matthew Garth (Montgomery Clift) se sitúan en primer término, de espaldas a la cámara y al lado del carromato que los ha traído desde las tierras tejanas hasta las inmensas praderas de Missouri. En segundo término, más allá de ellos, un horizonte y un cielo excelsos, expresión máxima del mensaje de esperanza contenido en la épica del wéstern, ese gran marco genérico que, ya lo hemos visto, sirve de partida para la construcción argumental de *Breaking Bad*. En contraste con este momento, el piloto de la serie de AMC nos dona un plano similar en su concepción visual, aunque divergente al extremo en lo tocante a su sentido profundo: aquí también vemos la espalda del protagonista, un Walter White sin pantalones que porta un arma en mitad del desierto mientras espera la llegada de lo que imagina son patrullas de la policía. Al fondo, en segundo término, unas elevaciones se recortan contra un límpido cielo azul. En este momento, al final de un trayecto imaginario recogido en dos estampas de existencias apegadas a un escenario, la utopía se ha esfumado, y la presencia en la pantalla encarna entonces el reconocimiento de una "civilización hecha añicos." (Fernández Pichel, 2013, p. 121)

Walter White, "el bueno"

El pesimismo, la ironía, la parodia y el entretenimiento nos llevan a la última de las analogías que analizaremos: *Breaking Bad* a partir de una lectura quijotesca.

La singladura en una vieja furgoneta de dos zarrapastrosos narcos, Walter White y su escudero Jesse Pinkman, anticipan la caricatura y parodia del género de acción, otrora modelo televisivo de masas. En esta serie, el superhéroe satirizado va jalonando de aventuras entretenidas su argumento. Las distorsiones de este gánster de factura casera y cotidiana se proyectan en la vastedad de Nuevo México, para ahuyentar el bien, aunque termina exterminando el mal.

En *Breaking Bad* encontramos las mismas distorsiones que aparecen en el paisaje de La Mancha e idéntico personaje estrafalario. Si Don Quijote es el anti-héroe por antonomasia, Walter responde a esta caracterización patosa y cómica del narco. Su primera escena en paños menores[36] o las imágenes de seguridad que muestran a dos ridículos Walt y Jesse cuando roban su primera remesa de metanfetamina ponen al descubierto el manejo de códigos similares en ambas obras. Como la novela cervantina, el argumento de *Breaking Bad* se construye sobre una base de aventuras y entretenimiento que incluye, sin embargo, complejidad semiótica y conceptual, como hemos podido analizar en los apartados precedentes.

La trama de la serie se hilvana, con mayor o menor intensidad, sobre la base del equipo que forman White y Pinkman, construyendo una dualidad antagónica, pero por eso mismo complementaria.[37] De hecho, así como el proceso de escritura del *Quijote* da cuenta de la incorporación de Sancho, al añadir al escudero en la segunda salida[38], también Gilligan reorganiza el guion de la serie, suprimiendo el plan inicial de eliminar a Jesse al final de la primera temporada (Sepinwall, 2012, p, 352), consciente de la importancia del *otro* en la construcción dramática de la historia.

La evolución de Walter muestra una identidad agrietada y dubitativa, a diferencia de otros modelos gansteriles o capos familiares como Tony Soprano, cuya representación suele permanecer estática.[39] Pero, tal como White, también Jesse evoluciona a lo largo de la serie. Además, como en la novela de Cervantes, se opera un trasvase en la caracterización de ambos.[40] Así, como vemos que Don Quijote va recuperando poco a poco la cordura, cada vez más descreído con el mundo caballeresco que se había creado, Sancho, en la segunda parte, aparece sumergido en ese mundo fantasioso, distanciándose del materialista que había iniciado la aventura con su amo.

A su vez, el titubeante Walter White de los primeros compases, que asume temeroso su relación con Pinkman, acaba metido de lleno en una actividad

---

[36] Sepinwall (2012, p. 347) reproduce una conversación entre actor y creador sobre el patetismo de la escena en calzoncillos.

[37] Cobo Durán (2013) analiza la relación y evolución de ambos.

[38] La primera salida conforma los cinco primeros capítulos de la novela, quizás concebidos inicialmente por Cervantes como una novela ejemplar.

[39] "Si *Breaking Bad* comenzara cuando Walter White ya es Heisenberg no estaríamos hablando de una tragedia si no de un criminal que hace y deshace a su antojo. Walter estaría más cercano a Tony Soprano o Nucky Thompson." (Meléndez Martín, 2014, p. 57)

[40] Aspecto también mencionado, aunque escasamente desarrollado por Meléndez Martín (2014, p. 16).

ilícita y despiadada, asumiendo los códigos más atroces que imperan en el mundo de la mafia y proyectando sobre Jesse una aterradora influencia de dominio. Al final, ya se ha dicho, White quiere recuperar a Walter, como Alonso Quijano recupera su cordura, pero acaba devorado por Heisenberg. Pinkman, pasa de ser el *yonki*, con apenas escrúpulos, al chaval asustado y asqueado de las actividades en que ha participado, asustado también del monstruo, del "devil" Heisenberg. Así lo demuestra su paulatino desapego por el dinero, su interés por la desprotegida nieta de Mike o una inusitada preocupación por la justicia. La imagen de Jesse en el capítulo final, acariciando una caja artesana de madera, elaborada por él, nos ofrece la duda de si se trata de la recuperación del paraíso perdido de su inocencia o de un futuro más sosegado, liberado ya de las garras de Heisenberg.[41] En su fragilidad emocional, la dependencia de Pinkman sobre su mentor se disipa únicamente en la cuarta temporada cuando el muchacho encuentra en Mike la figura paterna que Walt rehusó ser (Sepinwall, 2012, p. 336).

Walter, en su dominio sobre Pinkman, va graduando su ascendencia sobre él, moldeando su voluntad y acomodándolo a las perversidades cada vez mayores de su antiguo profesor y socio, hasta el punto de que Walter le confiesa en los últimos minutos de la serie su enésima maldad: su ausencia de socorro a Jane. ¿De nuevo estamos ante un cortafuegos emocional para un Pinkman post-Heisenberg?

La evolución de ambos queda perfectamente constatada en la distancia que va desde las primeras advertencias de Pinkman a su antiguo profesor, de que es un hombre bueno y este no es un mundo para él, hasta la postrera caracterización que el propio Jesse hace de su socio ante los agentes de la DEA: Mr. White es el mismísimo "devil". De modo que si en la elección de Cranston para el papel de Walter White habían resultado decisivas sus habilidades cómico-dramáticas, también el actor Aaron Paul se adapta a esta mutación del joven *dealer* que termina incorporando la lección de su profesor de química, años más tarde y a contramano de las enseñanzas escolares:

> He goes from ordering Jesse around to flat-out bullying him, and a remarkable role reversal occurs thanks to the writing and the naked emotions of Aaron Paul's performance: Jesse Pinkman, the clownish meth cook who was designed as a

---

[41] Cobo Durán (2013, p. 230) afirma que la falta de cariño y compasión de Jesse hace que sea una marioneta en manos de White.

> disposable plot device, turns into the conscience of the series, and each unpleasant turn in the Walt/Jesse relationship makes us empathize with Jesse more and Walt less. Gilligan had cast Cranston because he wanted someone who could find the humanity inside a monster, but it turned out that Cranston was even better at showing the monster struggling to escape its frail human cage, while Paul shone brightest when displaying the vulnerability of a low-rent crook the average viewer would cross the street to avoid. (Sepinwall, 2012, p. 357)

Al igual que el *Quijote*, *Breaking Bad* se dirige al desocupado espectador/lector, para que "leyendo vuestra historia el melancólico se mueva a risa, el risueño la acreciente, el simple no se enfade, el discreto se admire de la invención, el grave no la desprecie, ni el prudente deje de alabarla. En efecto, llevad la mira puesta a derribar la máquina mal fundada destos caballerescos libros, aborrecidos de tantos y alabados de muchos más; que si esto alcanzásedes, no habríades alcanzado poco" (Cervantes, 1975, p. 18).

Si el *Quijote* entrevera, en el nivel diegético, varias y variadas aventuras, interrelacionadas con las andanzas del caballero andante, con el propósito de "entretener al lector", *Breaking Bad*, a su vez, integra recursos propios del cine o televisión de acción, habituales en películas o series B.[42] Busca conciliar, de este modo, la tensión dramática de la narración con elementos propios de la ficción de entretenimiento y responder al público global y heterogéneo que se incorpora a las series televisivas, como en su momento la imprenta y la aparición de nuevos lectores motivó que la literatura amalgamase varios niveles de lectura. Responden a esta concepción sincrética del producto cultural todas las secuencias de acción, muchas de ellas rozando lo inverosímil, que confeccionan la trama. Por ejemplo, los conocimientos químicos del protagonista que se representan como una suerte de superpoderes, que le llevan a salir de las situaciones más comprometidas. Walter sería una suerte de McGyver, que se vale de la confección de artefactos caseros en situaciones

---

[42] Según Lozano Delmar (2013, p. 203), la abertura de la serie la sitúa en el cine de acción: "Este primer *cold open* sirve para establecer el tono de la serie. De esta forma, el *teaser* está plagado de tópicos que resultan familiares al espectador: los agujeros de la bala, el personaje "muerto" en la caravana o la pistola nos remiten claramente al cine de acción. La banda sonora contribuye a reforzar esta impresión. Sin embargo, al mismo tiempo se aprecian otros elementos que ridiculizan a estos primeros y que añaden cierto toque de ironía y humor a la escena: el personaje principal ha perdido tanto sus pantalones (se encuentra en calzoncillos en medio del desierto) como el control sobre la rocambolesca situación que se presenta dentro de la desordenada caravana."

límites, o que idea, como el Equipo A, complejos e inverosímiles montajes mecánicos para afrontar diferentes desafíos.[43]

Así, Walter aparece en diversas secuencias como un superhéroe. Cuando consigue escapar de la desorientación y deshidratación del desierto improvisando una batería para la furgoneta, aprovechando el cobre de las monedas, o cuando impone respeto a Tuco Salamanca elaborando un explosivo químico doméstico, o cuando demuestra su habilidad con las propiedades venenosas de las plantas para intoxicar a un niño o eliminar a Lidia Rodarte-Quayle, la ejecutiva que les suministra la materia prima. O, en el cénit de la acción y de la serie, compone un artefacto con metralletas y munición que, activándose con un mando a distancia y saliendo del maletero del coche, elimina por sí solo a toda la peligrosa banda de neonazis, de Jack Welker, que se había quedado con sus dólares y el negocio de la metanfetamina.

Breaking Bad, en consecuencia, trasciende los géneros populares, pero se apropia de ellos, juega con ellos, consciente de que el *homo ludens* nunca renuncia a disfrutar de una buena dosis de entretenimiento, entreverada con la dimensión trágica de la narración.

Al fin y al cabo, no deja de ser, ni pretende dejar de serlo, televisión.

Volviendo a la novela de Cervantes, se ajustan irónicamente cuentas con caballeros andantes que actúan en un mundo maravilloso, articulado en torno al eje bien/mal, para denunciar la complejidad moral que la aplicación de ambos conceptos supone en el *hic* et *nunc* de La Mancha. La perspectiva distorsionada de Don Quijote nos deja entrever un bien tan ideal, como irrealizable, tan noble como irrisorio. Los códigos posmodernos de *Breaking Bad* no solo cuestionan la capacidad de intervención en dicho eje, sino que lo cuestionan, utilizando la parodia. Dirime —si nos situamos en la crisis discursiva en que Lyotard (1989) centra la cuestión posmoderna— la propia capacidad de establecer el bien y el mal, como nociones estables y no sometidas a la relatividad performativa de las otrora hegemónicas narrativas (científica, religiosa, política…)

Si Walter White va a recorrer un camino que lo lleva del bien al mal, evidenciado en el título de la serie, su actuación tendrá, sin embargo, un

---

[43] *McGyver* y *The A-Team* (*El Equipo A*) son series de acción de las cadenas ABC y NBC, respectivamente, que fueron tremendamente populares entre el público infanto-juvenil en los años 80.

carácter redentor, ya que reparará el mal del negocio de la metanfetamina en Albuquerque, exterminando a todos los capos locales, que a su vez habían hecho lo propio con el cártel de México. Walter cumpliría, así, el ideal de cualquier superhéroe al final de su aventura.

Con ello, se pretende incluir una inequívoca sátira social, cuyo germen se encuentra en los primeros capítulos y en la sensación de fracaso de White, al renunciar a su parte de la billonaria empresa que poseen sus antiguos socios. El reconocimiento social a los empresarios de éxito se contrapone con el olvido de Walter, a pesar del brillante químico que es. La serie evidencia, en suma, un sistema que sobrevalora el éxito económico y social en detrimento del conocimiento. No olvidemos que el profesor White, como se nos muestra al inicio, quiere formar hombres de bien.

Por lo tanto, si Don Quijote es un caballero andante con poderes que no consigue ejercer, Walter White es el pusilánime hombre medio que consigue llevar a cabo el sueño quijotesco y acaparar la hegemonía que lo sitúa en la cúspide del negocio del crimen, aunque entremedias sufra trastazos, golpes, peleas y toda suerte de zarpazos de los molinos de viento que aparecen en el camino de Quijote/White: Sancho/Pinkman. Walter, no lo olvidemos, solo sucumbe con un balazo que proviene del fuego que él propio había activado. Sus poderes habían vencido a toda la red criminal de Albuquerque. Buscando el mal había logrado el bien.

> Hace tiempo que la narración policíaca se ha convertido en un arquetipo central de nuestra cultura, y el laberinto del centro de nuestras ciudades ha reemplazado al vacío e implacable paisaje del oeste de Estados Unidos como el escenario principal de nuestras historias con moraleja. (Álvarez, 2013, p. 2)

Nos apoyamos de nuevo en la cita sobre *The Wire* para poner de manifiesto una nueva transgresión del género. *Breaking Bad* no se sitúa en los suburbios pobres de *The Wire* o en el barrio italiano de New Jersey, de *The Sopranos*, sino en las zonas de clase media de Albuquerque y en el desierto compartido por la frontera entre USA y México, en ese espacio limítrofe y desértico, donde se sitúa lo mejor de la prosa de Bolaño.

Breaking Bad regresa al *west*.

Se ha afeado en algún análisis crítico (Littman, 2013) la oportunidad perdida de la serie para introducir una rotunda denuncia de las consecuencias devastadoras de la *meth*, sin embargo, la pretensión crítica de la ficción pretende ser más alusiva que explícita. Ya se ha señalado, a propósito del retrato del monstruo y de Gustavo Fring, la velada crítica a la tolerancia social sobre el crimen mientras no sea visible. La construcción argumental de *Breaking Bad* lo pone también de relieve, ya que Walter cocina la metanfetamina más pura y profesional, no en los alrededores despoblados y desérticos donde inicia su actividad, sino en las entrañas de la propia urbe: en el subterráneo de una legal y ejemplar lavandería industrial y en las mismas casas de clase media, utilizando como tapadera una empresa de fumigación. En este sentido, la respetabilidad urbana reemplazaría simbólicamente el imaginario de la frontera mexicano-estadounidense, como escenario del crimen.

El mal, hacia el que transita White, está por lo tanto en el tuétano de la ciudad, permitido —con cierta desidia policial— hasta que se convierte en un problema evidente y visible. Una vez que esto sucede a Walter solo le queda la opción de la huida.

El desenmascaramiento de Heisenberg, tal vez inducido por sí mismo, le permite alcanzar la fama y el reconocimiento, así sea de naturaleza feroz, que había estado vedado a Don Quijote, cuya fama trasciende apenas el juego metaliterario de la segunda parte. Una vez que huye de Albuquerque, Walter se refugia en el lejano estado de New Hampshire, cruzando simbólicamente el país del suroeste al nordeste. El eco de las actividades ilícitas de este singular criminal trasciende el ámbito local, para alcanzar el nacional. Es allí donde Walter, en un apartado bar de pueblo, ve en un programa de televisión, —de nuevo la televisión— el testimonio de los Schwartz que ofrecen un pavoroso retrato de su antiguo socio, del demonio con el que convivieron años. Es esta información la que enciende la luz de White, que prepara su acción final y su regreso.

Walter regresa, como Don Quijote. Si el segundo lo hace para recuperar la cordura y volver a ser Alonso Quijano, el bueno, Walter está ya incapacitado para ello, por eso el pesimismo que aflora al final de la serie está motivado porque White ya no podrá ser el bondadoso hombre que se muestra en las primeras secuencias.

Adoptamos, en este sentido, dos relatos de Merino, como colofón a la historia de extravío y pesimismo de este drama. En los *cold open* de la última temporada aparece en pantalla —ya se ha dicho— un Walter desmejorado, con gafas de mayor graduación y un deterioro considerable. Con todo, como hemos señalado anteriormente, nos recuerda mucho más a Walter White que a Heisenberg. En la primera secuencia vemos al personaje con un coche matrícula de New Hampshire, un documento de identidad que nos descubre la falsedad de su identidad, pero que revela que es el día de su cumpleaños. Cumpliendo la tradición familiar, Walter, como Skyler solía hacer en los buenos tiempos —como lo hace en el primer capítulo en su 50 cumpleaños—, rompe, en un triste bar de carretera, el *bacon* para dibujar el número de la efeméride, 52. El paralelismo de estas dos escenas determina el arco temporal de dos años en que transcurre el argumento de la serie. Si Walt inicia su aventura temeroso de la cárcel y de perder a su familia, la cierra completamente solo, después de su generosa, aunque monstruosa, tarea.

Un hombre en la mediana edad, como Alonso Quijano, el bueno. La acción escenifica el hombre que quiso o pudo ser y el hombre que ya no es, que ha perdido a su familia e identidad. El padre y esposo que se ve extraviado en su vuelta a la ciudad:

Un regreso

Aquel viajero regresó a su ciudad natal, veinte años después de haberla dejado, y descubrió con disgusto mucho descuido en las calles y ruina en los edificios. Pero lo que desconcertó hasta hacerle sentir una intuición temerosa, fue que habían desparecido los antiguos monumentos que la caracterizaban. No dijo nada hasta que todos estuvieron reunidos a su alrededor, en el almuerzo de bienvenida. A los postres, el viajero preguntó qué había sucedido con la Catedral, con la Colegiata, con el Convento. Entonces todos guardaron silencio y le miraron con el gesto de quienes no comprenden. Y él supo que no había regresado a su ciudad, que ya nunca podría regresar. (Merino, 2007, p. 49)

Los *cold open* de esta última temporada, con un Walter irreconocible, con la vandalizada vivienda familiar con pintadas sobre el asesino Heisenberg, proyectan una sensación onírica que lamina el realismo sobre el que se representaba la confortable vivienda de clase media y descompone los mecanismos espaciotemporales sobre el que se cimentaban las añoradas certezas del ciudadano Walter White.

El acierto de Vince Gilligan consiste en crear un personaje con quien, dentro del pacto de ficción, podemos empatizar, a pesar de su miseria moral. El creador de la serie nos pone ante el espejo de nuestras contradicciones, de renuncias, de balanzas de prioridades. Así como nos gustaría que Don Quijote triunfase y su mundo de ingenuidad y justicia universal se hiciese eterno, también nos gustaría que *Breaking Bad* concluyese con la secuencia de los últimos capítulos, antes del fatal desenlace, en una merienda tranquila y en una tarde soleada, donde parecía restablecerse, después de tanta turbulencia, la paz y el sosiego en la casa de los White. Se retomaba el clima familiar de la fiesta de cumpleaños del primer capítulo, como un regreso a la Arcadia perdida. Walter, con una inimaginable fortuna, había cesado sus actividades delictivas y dejaría a su familia en la posición holgada que necesitaban, restablecería la paz en el hogar e incluso parecía atisbarse una reconciliación amorosa con Skyler. Como espectadores, quizás habríamos reescrito, como en el *Quijote*, el final de la serie y concluido en esa placentera y apacible tarde, malograda por una inoportuna nota, en un libro de Walt Whitman, olvidado en el peor lugar posible.

La cuarta salida

El profesor Souto, gracias a ciertos documentos procedentes del alcaná de Toledo, acaba de descubrir que el último capítulo de la Segunda Parte de *El Quijote* —"De cómo Don Quijote cayó malo, y del testamento que hizo y su muerte"— es una interpolación con la que un clérigo, por darle ejemplaridad a la novela, sustituyó buena parte del texto primitivo y su verdadero final. Pues hubo una cuarta salida del ingenioso hidalgo y caballero, en ella encontró al mago que enredaba sus asuntos, un antiguo soldado manco al que ayudaba un morisco instruido, y consiguió derrotarlos. Así, los molinos volvieron a ser gigantes, las ventas castillos y los rebaños ejércitos, y él, tras incontables hazañas, casó con doña Dulcinea del Toboso y fundó un linaje de caballeros andantes que hasta la fecha han ayudado a salvar al mundo de los embaidores, follones, malandrines e hideputas que siguen pretendiendo imponernos su ominoso despotismo. (Merino, 2007, p. 101)

La ficción *glocal*

3.1 Mapas atlánticos de la narcoficción. Noroeste, cuarta, oeste

Si aproximamos el *zoom* del crimen global a latitudes más próximas, por ejemplo, la gallega, veremos que el estudio de su ficción —de su ficción *noir*— nos ofrece igualmente aspectos interesantes desde el punto de vista de la concepción estética y la proyección internacional de sus obras. También de su comportamiento intermedial.

La localización de las producciones literarias y audiovisuales gallegas revela aspectos importantes de la geografía humana de Galicia. La concentración urbana a lo largo de la cadena atlántica supone el principal foco de su actividad mercantil y cultural, al igual que el de su representación a través de la ficción, como podemos ver en el mapa *Cartografía do noir galego* (López Sández y Núñez Sabarís, sf), a propósito de las novelas, series y películas negras y policiales ambientadas y producidas en esta comunidad: https://n9.cl/jyt67.[44]

Si nos enfocamos en las obras caracterizadas como narcoficción,[45] observaremos que la mayor parte se sitúan en el litoral. Esto es, en la zona más occidental del viejo continente, en el balcón hacia América.

---

[44] Este mapa digital e interactivo recoge la información de la base de datos *Ficción policial e negra galega* (Núñez Sabarís, 2023).

[45] El concepto *narcoficción* se adapta del término más asentado de *narcoliteratura*, ya que se transciende el medio literario, para incorporar la perspectiva intermedial y transmedial (Gil González y Pardo, 2018) que caracteriza a la mayoría de las ficciones que constituyen este género y que analizaremos en este capítulo.

En concreto en el recortado litoral de la ría de Arousa.

Su parentesco con los modelos globales configura, además, un relato del narco internacionalizado y diseminado, dibujando una cartografía deslocalizada del crimen, que va más allá de la narración de acción, para constituir una descripción de los territorios en que se inscribe, con sus connotaciones geográficas, sociales y políticas. El tiempo transcurrido, que permite una mirada más distanciada sobre el reguero de violencia, impunidad y devastación que dejó el narcotráfico en Latinoamérica —con secuelas todavía perceptibles—, ha convertido a Pablo Escobar, los hermanos Orejuela o el Chapo Guzmán en figuras mediáticamente conocidas, convertidas por la televisión en una suerte de bandoleros posmodernos.[46]

Galicia no iba a ser menos. Al fin y al cabo había aportado su importante cuota al negocio y al tráfico trasatlántico que introdujo toneladas de cocaína en toda Europa. Los capos gallegos, de gran trascendencia social en los noventa, merced a los ecos de la operación Nécora,[47] se convertirían también en personajes televisivos o en inspiración para caracterizar a los personajes de ficción sobre el contrabando en las Rías Baixas. De modo que la temática sobre el contrabando de drogas, tímidamente tratada en la narrativa gallega en los primeros años del presente siglo, pasaba a tener una notable presencia en la pantalla global de los últimos años de esta segunda década del XXI.

---

[46] "Es obvio que Pablo Escobar "vende", y vende muy bien. Si atendemos al número de libros y películas que se han producido en los últimos 20 años sobre el capo, podemos afirmar que este personaje se ha constituido en un poderoso referente para la industria mediática, una figura sujeta a crecientes procesos de remediación." (Trujillo y Charlois Allende, 2018, p. 26)

[47] Fue la primera gran redada contra los capos gallegos del narcotráfico, que llevó a juicio a sus principales cabecillas, juzgados en la Audiencia Nacional. Carretero (2018, p. 181) recoge los testimonios del inicio de la operación: «"No dormimos ese día. Estábamos en el Hotel Compostela de la Plaza de Galicia, en Santiago. A las cuatro de la mañana me pegué una ducha, me vestí y fuimos a la comisaría de la Policía Nacional. Tengo grabada la imagen: cientos de policías por todas partes, algunos de uniforme, otros de paisano. Estaba llenísimo: cuartos, pasillos, habitaciones… Todos de pie, esperando, en silencio. Unos contra otros. Llegamos y se nos quedaron mirando. Se cortaba el aire en ese momento, todos esperando a ver qué decíamos. Garzón me dio un codazo, me miró y dijo: 'La que hemos liado'».
Era el 12 de junio de 1990. Arrancaba la Operación Nécora."

La ficción refleja, por lo tanto, este atlas del narcotráfico, que trazó rutas y redadas y transitó por puertos, ciudades o comarcas, que todavía conviven con el estigma de una actividad delictiva de gran impacto mediático. Si no podemos desvincular a Pablo Escobar de Medellín o a los gerifaltes del cártel de Cali de esta ciudad, y, en su conjunto, de la historia más reciente de Colombia, el relato del narcotráfico en Galicia pondrá también un marcado énfasis en la cartografía en que tuvo lugar, cuyo epicentro se situó en la ría de Arousa. Las ficciones sobre el contrabando —también del de droga— nos ofrecen interesantes reflexiones acerca de la dimensión política y simbólica que adquieren el espacio y los mapas, como delimitaciones de una geografía humana, con sus particularidades sociales, políticas e históricas.[48] Igualmente, de las comerciales, en las que las conexiones galaico-colombianas estuvieron en el embrión de los negocios de droga a gran escala:

> A Orejuela le pillaron una libreta de contabilidad en la que se especificaban transacciones millonarias derivadas del tráfico de cocaína. Desde Estados Unidos llamaron a Felipe González: querían a los dos narcos extraditados con urgencia.
>
> Al decir urgencia es probable que el gobierno del entonces presidente Ronald Reagan no se refiriese a los dos años que pasaron los capos colombianos encarcelados en España. Ochoa y Orejuela, dirigentes de los carteles de Medellín y Cali, conocieron la prisión de Puerto de Santa María y la de Carabanchel. Adivinen quiénes cumplían condena esos mismos meses debido a la gran redada contra el tabaco de 1984 (el macrosumario 11/84, ¿lo recuerdan?). Así es, los contrabandistas gallegos, entre ellos "Sito Miñanco", que tuvo tiempo de sobra para compartir confidencias con los colombianos y consolidar la relación iniciada en Panamá. (Carretero, 2018: p. 88)

Por lo tanto, el factor geográfico, tal como nos ocuparemos de analizar en este capítulo, ocupa un papel primordial en la configuración narrativa de la narcoficción, concitando el interés por el giro espacial observado en las ciencias humanas y sociales (Soja 1993; Cabo Aseguinolaza, 2004 o Cunha

---

[48] "Las organizaciones criminales vinculadas al tráfico de drogas se sitúan en espacios geográficos precisos: fronteras territoriales y simbólicas en las que se articulan las asimetrías sociales. En la narcoliteratura mexicana nos trasladamos a menudo a las zonas del norte –Sinaloa, Ciudad Juárez, Mexicali, Monterrey, Tijuana–, como escenarios básicos en estas ficciones que también son, en la realidad, ciudades que albergan gran parte de los cárteles dedicados al narco." (Santos, Vásquez Mejías y Urgelles, 2016, p. 11)

2011).[49] Además, la materialización transmedial (y transnacional) de la temática que analizaremos, entre la literatura, el periodismo, cine o televisión, reafirma el carácter híbrido de la cultura actual, dada la red intermedial tejida en estos productos narrativos. La internacionalización del crimen, las migraciones mediáticas y la identificación de modelos globales no resulta, de todos modos, incompatible con la deslocalización cultural y artística que advertimos en el segundo capítulo. De ahí que la proyección que tuvieron las ficciones televisivas en que nos centraremos no pueden disociarse, en su confección artística y temática, de las obras literarias y producciones audiovisuales gallegas anteriores, ya que supusieron una indispensable base creativa sobre la que construir las populares teleseries que harían célebres a los contrabandistas gallegos de los años ochenta y noventa.

Mapas. La venganza de la geografía

> Galicia es una zona muy singular. Esa costa revirada, que se gira, que se enreda sobre sí misma, que reproduce miles de calas, de playitas, de acantilados. Es una zona con unos códigos sociales e históricos muy particulares, y que si tú mezclas un fenómeno como el contrabando, el narcotráfico, con la singularidad de Galicia, el resultado es un relato que, por momentos, cuesta creer, donde es muy fácil mezclar la leyenda con la realidad, pero que la mayor parte de los capítulos que se relatan son reales (Robinson, 2017) [Transcripción del autor].

Este fragmento se corresponde con la transcripción de la *voz en off* del periodista Nacho Carretero, mientras las imágenes proyectan la costa acantilada de Galicia. Con este comentario del autor de *Fariña* se ponía punto final a la primera parte del capítulo del programa de televisión *Informe Robinson*, "El Cambados de Sito Miñanco/El año Petrovic", emitido en abril de 2018

---

[49] "Con todo, o estudo das convencións cartográficas é particularmente pertinente para a semiótica, posto que pode pórse de manifesto o seu carácter radicalmente convencional. A condición do mapa como texto cultural e as implicacións ideolóxicas das súas escollas representacionais resultan máis reveladoras, precisamente, pola suposta neutralidade científica e a sensación inicial de inmediatez perceptiva que guían a súa elaboración. Isto fai que moitas conclusións sexan extrapolábeis a unha semiótica xeral do espazo e que o que se recoñece como convencional e idelóxico na codificación cartográfica, apareza aínda máis doadamente como tal noutras formas representacionais lingüísticas, pictóricas, literarias ou fílmicas." (López Sández, 2008, p. 83)

en la plataforma Movistar. La emisión de este programa, sobre historias del deporte a nivel mundial, se dedicaba al Juventud de Cambados, equipo que presidió Miñanco, en sus momentos de apogeo social, y al jugador de baloncesto Drazen Petrovic.

El protagonismo del episodio centrado en la figura del contrabandista cambadés, que había situado al club de fútbol de su pueblo entre los mejores de Galicia, constataba la renovada atención mediática sobre los narcos gallegos que habían introducido a finales de los ochenta el negocio de la droga en las costas peninsulares. Este interés vino acompañado, como prueba inequívoca de la curiosidad despertada, por series televisivas españolas en *prime time*, ambientadas en la actividad del narcotráfico en Galicia. Esta temática, hasta el momento, había estado prácticamente circunscrita a la ficción gallega, sin ser, no obstante, un modelo repertorial dominante en su sistema literario (Vilavedra, 2010). La producción de Bambú Producciones, *Fariña*[50] (Sedes y Torregosa, 2018), y de Mediaset, *Vivir sin permiso* (Gabilondo, 2019), en las que nos centraremos de manera preferente, fueron los productos estrella de las televisiones generalistas, Antena 3 y Telecinco, respectivamente, pasando enseguida a formar parte de la oferta de contenidos de la todopoderosa plataforma de contenidos televisivos Netflix.

Ambas series se nutrieron de historias procedentes de la literatura y el periodismo, siguiendo el patrón habitual de la nueva edad de oro que venimos describiendo. *Fariña* resultó de la adaptación del libro homónimo de investigación periodística de Nacho Carretero (2018), que constituyó un sorprendente fenómeno editorial. A su vez, *Vivir sin permiso* (Gabilondo, 2018), cuyo guion original es de Manuel Rivas y Aitor Gabilondo, se inspiró en un libro de relatos del primero, *Vivir sen permiso e outras historias de Oeste* (Rivas, 2018),[51] quien, como veremos, ya había abordado previamente el tema del contrabando en su novela *Todo é silencio* (Rivas, 2010). Los dos libros saldrían al mismo tiempo en gallego, en la editorial Xerais, y en castellano, en Alfaguara.[52]

---

[50] "Fariña" (harina en castellano) es como se le llama en el argot a la cocaína.

[51] "Vivir sen permiso" es uno de los tres que integran el libro.

[52] A pesar de que los libros de Manuel Rivas se publicaron al mismo tiempo en gallego y castellano, se citará por la edición en gallego, ya que es la lengua original de las obras del autor.

Fariña y *Vivir sin permiso* asentarían un modelo que, hasta entonces, solo había tenido tímidos precedentes. Además del universo transmedial de *Fariña* que se expandió en una novela gráfica (Bustos, 2019) y una obra teatral (Asorey, 2019), el tema del narcotráfico en Galicia protagonizó la película *Quien a hierro mata* (Plaza, 2019) y las series *Operación Marea Negra* (Amézcua, López y Echániz, 2022) y *Clanes* (Guerricaechevarría, 2024). La primera de estas series parte también de una investigación periodística que dio lugar a un documental *Operación Marea Negra: la travesía suicida* (Avilés, 2022) y a un libro *Operación Marea Negra* (Romero, 2021) en la que se cuenta el viaje de un narcosubmarino desde Manaos (Brasil) hasta la costa gallega. *Clanes*, a su vez, ficcionaliza varias historias reales de las organizaciones de traficantes en Galicia.

Volviendo al comentario final de Carretero en *Informe Robinson*, el periodista ponía el acento en un aspecto sobre el que insistiremos, porque resulta un fenómeno recurrente en las narraciones sobre el narco: las particularidades geográficas, políticas e históricas de la sociedad gallega.

En su libro *La venganza de la geografía*, Robert Kaplan analiza cómo la geografía condiciona la historia y política de los pueblos y, en consecuencia, también sus prácticas culturales, sociales y comerciales, sean estas legales o no:

> Las montañas son una fuerza que ayuda a preservar y que a menudo protegen culturas indígenas en sus desfiladeros de las feroces ideologías modernizadoras que, con tanta frecuencia, han actuado como plagas en las llanuras. Sin embargo, al mismo tiempo, esos macizos también han servido de refugio a las guerrillas marxistas y a los cárteles de narcotraficantes de nuestros días. (Kaplan, 2013, p. 16)

En el caso de Galicia, parece verificarse esta afirmación del geógrafo americano. La configuración de su territorio, rodeada de mar y separada del resto de la Península por una frontera natural (la cordillera del Macizo Galaico) y una política (la antigua aduana con Portugal) condicionaron también su historia, economía y sociedad.[53] Asimismo, la singular y sinuosa línea del

---

[53] "O sociólogo tedesco Norbert Elias (*I Tedeschi*, 1989), cando quixo individualizar algunhas das peculiaridades definitorias do moderno pobo alemán, sinalou como unha das primeiras a súa posición xeográfica e cultural entre os pobos eslavo e latino, o que lle conferiu unhas fronteiras mutantes e susceptibles de constantes ameazas, pero tamén de influencias mutuas dada a permeabilidade das liñas divisorias. No caso de Galicia, como acabo de indicar, a estabilidade das súas fronteiras é norma clara dende principios do segundo milenio, consolidándose deste modo como 'occidente da Romania', segundo atinada expresión de Otero Pedrayo." (Villares, 2001, p. 57)

litoral atlántico y cantábrico, muy diferente a la que se extiende al sur del río Miño, dibuja una costa repleta de rías con una irregular orografía, que supone uno de los principales motores económicos, turísticos, demográficos y comerciales, incluso de los ilegales.

Por ello, no es casual que el libro *Fariña* comience señalando las coordenadas geográficas y espaciales del mercado de la droga. El documental periodístico, que reconstruye el tráfico y clanes gallegos del contrabando de tabaco, en primer lugar, y posteriormente su transformación en tráfico de droga, señala, en su primer capítulo, los tres factores espaciales que explican que Galicia se hubiese convertido en la principal puerta de entrada de la cocaína procedente de América.

La accidentada Costa da Morte, la frontera con Portugal o las Rías Baixas, en su localización arousana, configuran el triángulo cartográfico en el que tuvo lugar una de las más importantes redes de tráfico de estupefacientes y blanqueo de dinero a nivel mundial. Por fin, Galicia destacaba en los mapas.

Es, precisamente, en las coordenadas geográficas que se sitúan en la ría de Arousa donde se situó el centro de la red de narcotráfico a finales de los ochenta y principios de los noventa. Los Charlines, Sito Miñanco o Laureano Oubiña, antes de convertirse en personajes de ficción, resultaban ya sumamente populares por esos años, dada su notoriedad social y mediática, que se incrementaría con los ecos de la Operación Nécora, liderada por el juez Baltasar Garzón, que pasaría a ser la primera gran redada contra las redes de contrabando en Galicia.

Además de la configuración de su relieve, la estratégica posición geográfica de la costa gallega contribuyó enormemente a su idoneidad como punto de recepción y distribución de cocaína en su entrada a Europa. Su actividad pesquera y su posición atlántica reforzaban las posibilidades de cooperación con los cárteles del otro lado del océano, sobre todo con la Colombia de Medellín, liderados por Pablo Escobar. Las rutas y la organización de los clanes de contrabando en Galicia y un sistema basado en relaciones familiares y de confianza hicieron de estas organizaciones los socios predilectos para importar los estupefacientes elaborados en Colombia.

Resulta, no obstante, sorprendente que la dimensión atlántica acreditase su potencial económico en actividades delictivas, dado que la proyección atlántica de Galicia fue perdiendo pujanza en sus preferencias geopolíticas, a contramano de su posición geográfica. El éxito comercial del mercado de la droga parecía señalar un camino que había dejado de estar priorizado en las relaciones mercantiles y viarias de Galicia, consolidando su condición periférica:

> Outro medio de superar o periferismo é a través das infraestructuras de comunicación. É incomprensible, por exemplo, que se detivese a construcción da autopista do Atlántico, que era e é a que vai permitir a aglomeración costeira da poboación e a unión co norte de Portugal, crendo que con ela se destruía a Galicia idílica rural (pero pobre) a prol do progreso. Perdéronse varios puntos de crecemento económico por semellante decisión. Sen embargo, non se fai nada fronte ó caos constructivo das vivendas rurais ou a total falta de planificación urbanística que deterioran a magnífica paisaxe galega. ¿Como é posible que sempre se buscase a conexión de comunicacións terrestres con Madrid antes que co Porto ou con Francia a través da cornixa cantábrica? ¿Como é que sendo os portos galegos, especialmente A Coruña e Ferrol, os máis cercanos de España ó de Róterdan, que é o maior porto de Europa, e que estando situados no paso de tódolos buques que veñen de Asia, África e Iberoamérica cara ós grandes portos do norte de Europa, non se aproveitase esa vantaxe de localización para actuar como centros de distribución a outros portos a través da cabotaxe ou como centros de elaboración e manipulación de produtos semiacabados para posteriormente distribuílos dende os portos galegos? (Dehesa, 2001, p. 421)

De hecho, y nos vamos adentrando ya en el terreno de la ficción, en todas ellas se incide en las condiciones de carestía y abandono de la Galicia rural y semiurbana de los ochenta y cómo el narcotráfico consiguió aprovechar su privilegiada posición geográfica, otorgándole a esta un significativo valor simbólico y social.[54] El débil crecimiento socio-económico de los primeros años de la Transición dejaba, en consecuencia, a los contrabandistas —los *señores do fume*— como una suerte de benefactores sociales, allá donde la mano del estado y los mecanismos del bienestar no llegaban, y al contrabando como un tentador contrapeso a la dureza y poca rentabilidad de la pesca de bajura. Esta desatención política también se reflejaba en cierta tolerancia sobre las actividades ilícitas de la costa, que encontraban en los parques de bateas, los recodos de las rías o las pistas forestales de difícil acceso un territorio idóneo para el furtivismo.

Este aspecto, abordado en todos los textos literarios y audiovisuales que analizaremos —muy relevante la letra de Iván Ferreiro que abre la serie *Fariña*

---

[54] También sentimental, a tenor de las relaciones históricas que Galicia adquirió a través del Atlántico: "Nivardo Castro non puido evitar a lembranza dun tío avó, Pedro Castro, que se perdeu nunha emigración mexicana, despois de embarcar do porto de Vigo, aquel mítico enlace transoceánico que facía que Bos Aires, Montevideo, Santos, Rio de Janeiro ou A Habana estivesen sentimentalmente moito máis cerca de Galicia ca Madrid, Bilbao ou Barcelona." (Reigosa, 2002, p. 105)

("O que teño que facer para non ter que ir ao mar")—, cobra su sentido en la toponimia elegida por Manuel Rivas —volveremos sobre ella— al situar la historia de "Vivir sen permiso" (Rivas, 2018) en un imaginario "Oeste", que ya había tenido su antecedente en la "Noitía" de *Todo é silencio* (2010a), con todos los guiños y caracterización del wéstern. Es decir, la descripción de un territorio situado en el *far west* peninsular y continental, en el que prima la ley del silencio y del más fuerte, como aluden ambos títulos.

Por lo tanto, la temática sobre los narcos se fue colando poco a poco en la literatura y ficción gallega, aunque tardíamente, si tenemos en cuenta el impacto social que había tenido en los años ochenta y principios de los noventa en la sociedad gallega. Es verdad que, en los primeros tanteos de la novela negra en la literatura gallega, el relato del narco tendrá una cierta importancia en su constitución, pero sin una gran capacidad de crear modelos, ni tan siquiera de propiciar una consistente norma repertorial.

El eco internacional de la producción televisiva de Netflix, *Narcos*, que alcanzará una notable audiencia a nivel global, proporcionará un patrón narrativo exitoso sobre el narcotráfico. Y, en ese sentido, Galicia ya tenía materia suficiente para ampliar la diversidad de la ficción dedicada al crimen. La televisiva *Narcos* se centraba, en las dos primeras temporadas, en la biografía de Pablo Escobar y su Medellín natal, mitad documental, mitad fabulación, y se trasladará, posteriormente, al Cali de los hermanos Ojeda y, en la cuarta temporada, al México de Ciudad Juárez. Por su parte, la televisiva *Fariña* también convertía los contrabandistas arousanos en personajes de ficción.

El relato y retrato del narco

A tenor del libro coordinado por Freixanes (2001), *Galicia unha luz no Atlántico*, parece que la posición marítima empezaba a ser motivo de debate y análisis en la Galicia del nuevo milenio. Casualidades o no, las producciones literarias y audiovisuales que abordarán el tráfico de drogas en Galicia comienzan también en los albores del nuevo siglo.

En el año 2002 triunfaba en los Premios Mestre Mateo[55] la película de televisión *Entre bateas* (Coira, 2001). Los galardones obtenidos a la mejor película de TV, al mejor guion o a la mejor actriz de reparto (Rosa Álvarez) situaban esta producción entre las sensaciones audiovisuales del año.

---

[55] Premios de la televisión y el cine gallegos que concede anualmente la Academia Galega do Audiovisual.

El film refleja la historia de dos amigos, Mario y Segundo (Sego) –una suerte de actualización de *Os dous de sempre*, de Castelao, entre el costumbrismo y el drama–, criados en un pueblo costero de las Rías Baixas (así se deduce de su proximidad con Pontevedra), a través de los cuales se describe la transformación de la sociedad gallega, desde los austeros años finales de la dictadura hasta los excesos de la Transición, en que las drogas y la prostitución fueron la punta del iceberg de los millones de pesetas que habían inundado las rías gallegas, procedentes del narcotráfico.

La película de Jorge Coira presentará elementos arquetípicos en las historias sobre el narco gallego. Tal como desarrollará posteriormente Rivas (2010a) en *Todo é silencio* y Cuerda (2012), en su adaptación cinematográfica, la narración se secuencia en dos momentos temporales. El primero, en el año 1971, nos presenta las estrecheces económicas de la familia de los dos niños, en un pueblo dominado por el cacique Veiga, cuya fortuna procede del contrabando de tabaco. Aparece, como trasfondo, el tópico de la dura y arriesgada actividad pesquera. De hecho, la muerte por naufragio del padre de Mario, marinero de pesca de altura, acentúa el contraste entre su sacrificado oficio y la opulencia de Veiga, amo y señor del contrabando de tabaco. Esta primera parte de la historia termina con la entrada del niño en el negocio del estraperlo, en el que irá ascendiendo, cumpliendo un patrón clásico en la narrativa del género.

El lapso de dieciocho años que transcurren de la primera a la segunda parte nos sitúa en el año 1988, y a los dos protagonistas adentrados de lleno en el mercado de tabaco de Veiga. La película relata el momento en que la mercancía del contrabando se transformará en cocaína. Sego, de hecho, pronuncia una frase que luego hará célebre el Sito Miñanco de la televisiva *Fariña*: el tabaco es para Veiga, lo que da pasta es la coca (o la *fariña* como se diría en el argot).

Por lo demás, la historia de *Entre bateas* introduce aspectos que serán, como se ha dicho, arquetípicos en las narraciones que analizaremos más adelante. La carestía social y económica de los pueblos pequeros, la dureza de la vida en el mar, la tentación del contrabando (máxime si es de droga), el joven piloto, temerario y avezado, que sube en la escala piramidal de la organización del clan, la droga y violencia que introducen los colombianos o el progresivo desapego con el modesto núcleo familiar para introducirse en una montaña rusa de lujo y vicio. Llama la atención, en este sentido, los guiños que los diálogos establecen con la popular serie americana *Miami Vice*, protagonizada por los policías Sonny Crockett y Ricardo Tubbs. Mario y Sego hablan en clave, para que la policía no intercepte el sentido de sus conversaciones, comentando capítulos de la conocida serie. Más allá de la conciencia de adscribir el filme al género policial, evidencia una voluntad muy presente en la cultura gallega del presente siglo, de asimilar referentes de popularidad mundial, incorporando repertorios globales, que normalizasen un sistema cultural todavía emergente y deficitario en la amplitud y heterogeneidad de contenidos y públicos.

En este sentido, esta *tv movie* no ahorra las escenas nocturnas de persecución entre bateas, en las que los narcos locales, conocedores de los entresijos de la sinuosa costa de Arousa, aventajaban a sus perseguidores policiales. La introducción de escenas reconocibles en el cine de acción o policial pretendían dirigir la narrativa gallega (literaria o cinematográfica) más a productos de consumo, que de esencialidad identitaria, tal como había sido predominante en las normas repertoriales de su sistema literario desde los años de la Transición hasta finales de los noventa. (González Millán, 1996).

El mismo año de *Entre bateas* se reedita la novela *Narcos*, de Carlos Reigosa (2002), que se había publicado un año antes. Con este libro, el autor continuará con la saga del detective Nivardo Castro y del periodista Carlos Conde, que ya habían aparecido en la icónica *Crime en Compostela* (Reigosa, 1984) y *A guerra do tabaco* (Reigosa, 1996). La primera de ellas es considerada la iniciadora del género policíaco en la narrativa gallega (González Millán, 1996, p. 70 o Vilavedra, 2010, p. 109). Con la publicación de *Narcos* proseguía la temática negra, pero introduciendo la variante del narcotráfico y consolidando la literatura de género en el sistema literario gallego (Vilavedra, 2010, p. 111).

Esta novela de Reigosa no defrauda tampoco la construcción reconocible del modelo policíaco. Acción e intriga marcan esta narración en el que el eje narrativo es un alijo de drogas que cruzará el Atlántico para desembarcar en Galicia. De nuevo con la mirada patriarcal de los *señores do fume*, en este caso Don Orlando, y su transición al más rentable, pero peligroso negocio de la cocaína. El arranque de la novela parte de un artículo de Conde para una revista de amplia tirada en todo el estado. Este recurso argumental evoca los reportajes de la revista *Cambio 16* sobre el narcotráfico gallego que serían muy populares —y polémicos— en la época. De hecho, la organización y focalización narrativa sitúan la novela dentro del género policíaco, ya que el protagonismo se traslada, en este caso, de los narcos a las indagaciones del detective, con la inestimable ayuda del periodista. En *Narcos* se omiten nombres y apellidos y topónimos reales, salvo los de las grandes ciudades, Vigo o Pontevedra, aunque resulta inequívoca la adscripción geográfica a la comarca del Salnés, así como las similitudes gráficas con los pueblos de la ría de Arousa: "Os amos do contrabando andan por Vilavedra, por Marmaariz, por Beiramar, por Vilarousa, por Grobas, por Illarón, por Valverde... Non son señoritos de Vigo ou Coruña. (Reigosa, 2002, p. 47)"

A diferencia de *Crime en Compostela* y *Os señores do fume*, *Narcos* no sería traducida, lo que revela un interés todavía tenue por esta temática, más allá de la literatura gallega. Las bases narrativas de la narcoficción quedaban, sin embargo, asentadas y comenzarían un recorrido de imparable e insospechada proyección años después.

Así ocurrió, casi una década más tarde, con la novela de Manuel Rivas, *Todo é silencio* (2010), publicada al mismo tiempo en castellano (*Todo es silencio*) y, posteriormente, adaptada al cine, en 2012, con un título homónimo, por José Luis Cuerda.

Rivas ya había cultivado, dentro de su labor periodística, la temática del narco en Galicia, que ahora desarrollará como materia de ficción en esta obra.[56] A pesar de que *Todo é silencio* no es, en sentido estricto, una novela de narcos, alberga aspectos de indudable interés para los objetivos de este capítulo. Lama López analiza la difícil adscripción genérica del libro y la diferente recepción que tuvo la edición en gallego y en castellano:

> A primeira cuestión que suscita a novela de Rivas é precisamente a da súa adscrición xenérica, non só pola ausencia do enigma, senón tamén pola esluída presenza da investigación. A presentación editorial da edición galega non incide de xeito especial na adscrición xenérica, que nin sequera se menciona nos paratextos das lapelas, onde se destaca o retrato dos ambientes onde impera o contrabando e da vida dun grupo de tres amigos dende a infancia á entrada no mundo adulto. Foi sobre todo no ámbito do estado español, quizais máis mediatizado pola análise das demandas do mercado, onde se publicitou como novela de xénero, mesmo con presentacións en espazos específicos como a librería Negra y Criminal de Barcelona. (Lama López, 2014, p. 102)

---

[56] La publicación del libro fue precedida de un artículo en *El País Semanal* (Rivas, 2010b) sobre las conexiones gallegas del tráfico de cocaína y una mirada retrospectiva a los años 90.

La actividad contrabandística, como siempre, primero de tabaco, luego de droga, aparece más bien como telón de fondo de los dos planos temporales en que se secuencia la historia. En este caso, Rivas rescata el interés que la temática del tráfico de drogas comenzaba a tener en la ficción para abordar sus universos literarios preferidos.

Una historia, ambientada en la Galicia rural y costera en el tardofranquismo y, luego, en los inicios de la Transición, aborda las estructuras caciquiles y patriarcales —en las que hunde sus raíces la actividad estraperlística—, la imposibilidad de una educación laica y avanzada o el relato de aprendizaje de los tres niños que protagonizan la novela.

El triángulo conformado por Brinco, hijo de Rumbo y dueño del Ultramar —el bar del pueblo—, Leda, una chica huérfana de madre, y Fins, hijo de Lucho Malpica, un pescador humilde y honesto focaliza la primera parte del libro, ambientada en los últimos años de la dictadura (la película sitúa este tramo temporal en 1969), siguiendo una estructura semejante a la de Coira en *Entre bateas*.

Las aventuras de los niños, los restos de barcos que el mar va devolviendo, el descubrimiento de cajas de whisky en la abandonada Escuela de los Indianos y el despertar de la sexualidad nos va dejando y descubriendo la realidad social del lugar. El cacique Mariscal, dueño del pueblo, benefactor y con derecho de pernada sobre Sira, la esposa de Rumbo, domina toda la villa, incluso a las autoridades, para llevar a cabo sus actividades ilícitas con el tabaco y, posteriormente, con la cocaína.

Termina esta primera parte con la muerte de Lucho Malpica por una explosión de pólvora, cuando pretendía utilizarla para pescar, contraviniendo todas sus convicciones y principios. Fins, huérfano de padre, es mandado a un colegio de beneficencia en Cádiz.

La elipsis temporal se reanuda en la segunda parte que nos muestra cambios sustanciales en el argumento. Los niños ya son adultos, Brinco se ha casado con Leda y son la mano derecha de un viejo, aunque todavía plenipontenciario, Mariscal. Fins regresa como agente secreto de la policía con el encargo de desenmascarar la red de narcotráfico de Noitía y, consecuentemente, con la misión de capturar a sus antiguos amigos y vecinos. Aparecen aquí los clásicos elementos del relato del narco en Galicia, ya señalados anteriormente: el piloto avezado y temerario —Brinco— que crece en la estructura piramidal del clan, antecedente del Sito Miñanco de *Fariña*, las actividades caritativas en la iglesia llevadas a cabo por el contrabandista, la relación con traficantes portugueses —la *raia* como frontera porosa del contrabando— y la aparición de los colombianos, como pórtico de la combinación de droga, prostitución y lujo que se instala en los ochenta en las rías gallegas.

Si la primera parte termina de forma trágica, anticipando el tono de la segunda, el desenlace de la novela seguirá un derrotero similar con una escena violenta. Cuando Fins y la brigada policial, con la ayuda judicial procedente de Madrid —por fin el estado— están pisándole los talones a los narcos locales (si bien su sólida y fiel red todavía les alerta para huir), Fins y Leda se citan en la antigua escuela, testimonio de sus encuentros de niño, en la que aparece por sorpresa Brinco. El reencuentro de los tres amigos termina de forma sangrienta con Brinco cadáver y Fins malherido. Leda recupera bajo el piso decorado con un mapamundi de la escuela el botín de dinero que había escondido Chelín (otro amigo de la pandilla), cumpliendo la promesa que se había dado de niña de que nunca más sería pobre. Sin embargo, lo hace, paradójicamente, saliendo de la escena con los pies descalzos y la cara tiznada, rememorando los duros y desengañados tiempos de la rapaza carente.

La configuración espacial del relato de Rivas pretende retratar, en coherencia con su trayectoria literaria, una Galicia que se mueve entre las angosturas de un sistema socioeconómico espeso y la vastedad de un océano que es a un tiempo frontera y libertad.

Como se ha comentado anteriormente, las conversaciones de Rumbo con la pareja de la Guardia Civil acerca de John Wayne o las películas de vaqueros contribuyen a la ambientación temporal de la historia, describiendo una estampa muy propia de la Galicia de los 70 con la llegada del cine a las salas que se habilitaban para ello en aldeas y pueblos. Pero también hay un consciente y simbólico guiño para darle a la novela una notoria estética de wéstern: el salón, el adinerado jefe del pueblo, con actividades poco lícitas, y némesis del justiciero e insobornable sheriff, en este caso, Fins Malpica. Hay, de hecho, una cierta conciencia en el viejo Mariscal en su papel de malvado de este género televisivo.

Lo cierto es que el imaginario de Galicia como un *far west*, con justas que se libran bajo el imperio del más fuerte, y proyectando el imaginario intermedial de los clásicos hollywoodienses en el que se ha educado narrativamente toda una generación, constituye un elemento de cierta recurrencia en la ficción gallega. El carácter alegóricamente geográfico de Galicia se reforzará todavía con el topónimo Oeste en el que se sitúan los tres relatos de *Vivir sen permiso e outras historias de Oeste*, que analizaremos enseguida.

La opción por topónimos ficticios, y sustancialmente alegóricos, también se lleva a cabo en *Todo é silencio*. El lugar donde suceden los hechos es Noitía, pueblo pesquero próximo a la ciudad, de nombre Atlántica. Con ellos, el autor pretende evocar una Galicia real que hunde sus raíces en un imaginario recreado. Noitía, con sus estructuras sociales y de dominio, podía situarse en un pueblo cualquiera del litoral galaico. Además, el tono simbólico tiene que ver también con la fabulación del autor, con la recopilación de historias, con leyendas más orales que documentadas. Por esa razón, *Todo é silencio* es una novela con narcos, pero no sobre narcos.

La dimensión alegórica del espacio y la ubicación geográfica de Galicia están muy presentes en la novela. Un Atlántico que ha sido una válvula de escape a la miseria, que posibilitó una importante oleada de emigración en la primera mitad del XX y que ha dado pie a historias y leyendas de pescadores, naufragios y pecios. Un Atlántico, parece decir Rivas, que solo es aprovechado, en su inmenso potencial, en la ilícita actividad del narcotráfico.

El mapamundi que cubre el suelo de la Escuela de los Indianos ostenta la representación simbólica de ello. En primer lugar, porque refleja una inacabada e interrumpida escuela laica en la que los materiales pedagógicos, donados por la emigración americana, dotaban de aconfesionalidad y progreso una enseñanza que no había podido ser. En segundo, porque sobre su relieve se proyectaban los sueños de unos niños, cuyos confines cartográficos quedaban muy limitados por la angosta realidad en la que vivían:

—Ves? Tiña ou non tiña razón —dixo Leda—. Ela escribiu *silensio*. E ti a rir, que non, como ía escribir *silensio* Rosalía de Castro?
—Estabas no certo. Ela sabía oír. O silensio é máis silencioso que o silencio —dixo Fins. O buraco do teito agrandara e no mapa do chan reducíranse as zonas de penumbra: Vese mellor. Tes as unllas pintadas de negro. Estás no Océano."
—Si. Como sempre. No medio do puto *Océano*. E ao Océano non chegan cartas. Só chegan pésames. Foi un detalle pola túa parte escribir cando morría alguén. Meu pai, o mestre, o médico. Coido que eran copiados dun deses libros de correspondencia. (Rivas, 2010a, p. 122)

Por eso, en el trágico y sangriento desenlace, en el que el triángulo de los amigos se rompe definitivamente, es el mapamundi estampado en el suelo el que literariamente sitúa la cartografía de sus quebrantados sueños. En él se señala un Atlántico que fue el ataúd de miles de ensoñaciones incumplidas y de la falsa prosperidad que la *fariña* le había dado a una población deseosa de pensar a lo grande:

Ten os ollos abertos. Semella que contemplan o pequeno regato de sangue. Brinco xace morto no Océano. Despois das lapas da inflamación, o de alí é un lume manso, que ten que roer a madeira nobre. Onde máis prende é na parte das tegras onde se amorean os vellos pupitres. E dende alí as labaradas procuran o teitume. O fume desorienta os morcegos, que andan a bater polas paredes e de cando en vez na parella da Manequín e o Esqueleto. Se puidesen ver, os ollos de Brinco encontraríanse cos de Leda. Ela, un pouco máis no sur. Á altura de Cabo Verde. E dende alí e cara a Antártida, hai un espazo de mapa desamblado. Leda levanta o taboleiro, axudándose cun ferro, e no leito do Océano queda ao descuberto unha maleta de coiro. Está chea de faixas de diñeiro, agás no oco central. Alí está o instrumental de farmacia. A pistola Llama. O péndulo de Chelín. (Rivas, 2010a, p. 273)

Un mar que había dejado de proveer el bienestar a través de sus recursos naturales, para sustituirlo por el nuevo maná: la cocaína. Al fin y al cabo, como señala clarividentemente la madre de Fins Malpica: "onde hai fronteira, hai contrabando".

La narcoficción gallega se hace global: *Fariña* y *Vivir sin permiso*

En la frontera con Portugal inicia, precisamente, Nacho Carretero su libro *Fariña*. El periodista concreta nombres, operaciones, redadas y lugares que configuran el mapa conceptual de una actividad que marcó socialmente a la comunidad gallega en los años noventa.

El documental periodístico ya no se apoya en la ficción, pero tampoco rehúye la parte de leyenda que ha generado un sinfín de historias, relacionadas con los Terito, Charlín, Miñanco u Oubiña y sus ostentosas vidas en la comarca del Salnés. El libro, publicado por primera vez en 2015, salía treinta años después de que tuviesen lugar los principales hechos que se relatan. Asumía, en suma, cierta perspectiva temporal para abordar una situación que, después de la alegría que los narcomillones habían traído a las rías, dejó una estela de amargura y dolor, con la toxicomanía como una pandemia que asoló a buena parte de los jóvenes, que experimentaban los desenfrenos de una recién estrenada libertad.[57]

---

[57] La perspectiva trágica del fracaso de Mario, el protagonista de *Entre bateas*, ya aborda la devastación de los equilibrios sociales y familiares, propiciados por la droga.

La publicación de *Fariña*, aunque con un notable impacto, no tuvo en el momento de su aparición el *boom* mediático y editorial (ha superado ya las diez ediciones) que alcanzaría con el embargo de su publicación por una denuncia del ex-alcalde de O Grove, Alfredo Bea Gondar. La suspensión cautelar del libro, que incluía, además, detalles de la connivencia de los contrabandistas con autoridades políticas y policiales, lo convirtió en objeto de culto y también de lectura masiva. De hecho, la serie de televisión del mismo título, emitida por Antena 3 y producida por Bambú Producciones anticipaba su emisión para aprovechar el tirón mediático del libro, enfatizando su condición de publicación prohibida.

Decíamos que *Fariña* es documentación, pero también recoge las leyendas y mitos de la tradición oral. Se inicia con una historia sobre el contrabando de bicicletas en la *raia* con Portugal, acentuando la transcendencia de la posición geográfica de Galicia. Por ello, no pueden ser más relevante, para los propósitos de este trabajo, la información cartográfica que Carretero ofrece en los primeros compases del capítulo introductorio.

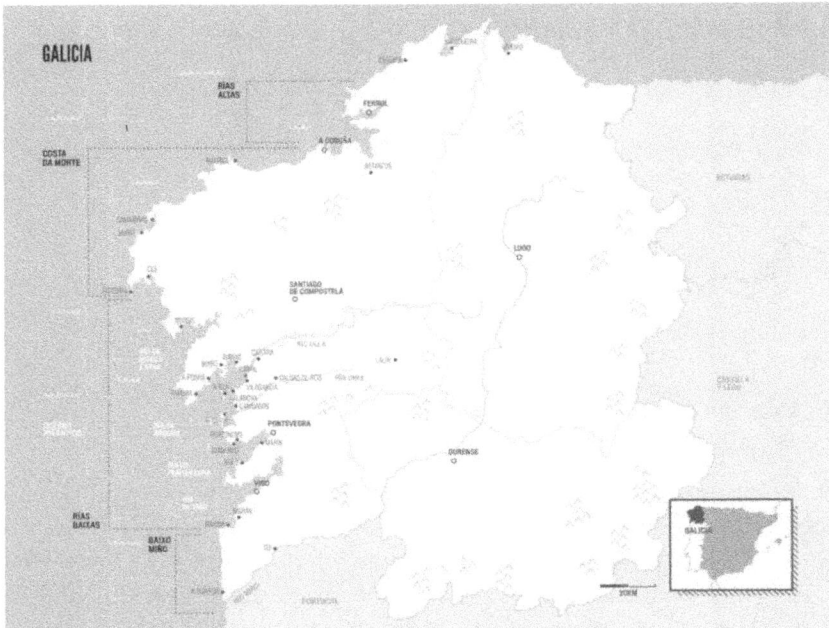

Figura 2. Mapa de Galicia.
Fuente: Carretero, 2018, p. 15–16

Galicia:

Figura 3. Infografía de *Fariña*.
Fuente: Bernal (2018)

A doble página aparece un mapa de Galicia, en el que se destacan sobre todo las localidades de las Rías Baixas, que constituyeron el epicentro del tráfico de droga. A menor escala, y en el cuadrante inferior, se incluye un pequeño mapa de la Península Ibérica, señalando la localización noroccidental de Galicia. La segunda imagen es una reproducción manuscrita de las diferentes posibilidades gráficas con las que trabajaron para la portada y las ilustraciones del libro (Bernal, 2018). Se señala la configuración de las rías, especialmente el territorio constituido por la desembocadura del río Umia y Ulla, que da lugar a la ría de Arousa, caracterizada por el sinuoso litoral que configura su costa. Si Kaplan afirma que los mapas condicionan la vida de las naciones, en el caso gallego, su cartografía determina y explica gran parte de su actividad económica, también, como hemos dicho, la ilegal.

Carretero se remonta, en su introducción, a los tres determinantes geográficos que contextualizan esta historia: la frontera con Portugal, tradicional ruta del estraperlo, las Rías Baixas, que desde el embrión del contrabando a baja escala pasaron a la consistente red de narcotráfico que los haría socios privilegiados de los cárteles colombianos, y la Costa da Morte.

Llama poderosamente la atención este tercer elemento del factor espacial señalado por el autor. En principio, porque el tráfico de drogas en esta zona del litoral no fue especialmente significativo, aunque se detallan actividades y clanes. Apunta, no obstante, que constituye un lugar emblemático en el imaginario galaico, por la condición icónica del cabo de Fisterra, kilómetro cero del Camino de Santiago y protagonista de numerosas leyendas a que dio origen el acantilado más famoso del noroeste peninsular. Es decir, apuntala la concepción de la geografía como coordenada simbólica, que configura los imaginarios de una determinada comunidad. Este angosto y peligroso tramo del tráfico marítimo que es la Costa da Morte contabiliza episodios de naufragios, pecios y asaltos piratas. De modo que, si Rivas profundizaba en la epopeya americana y en la ley del oeste, en *Todo é silencio*, Carretero canaliza el universo contrabandístico al imaginario del furtivismo. Con ello, pone de relieve la dimensión subversiva, montaraz y particular de una Galicia que se desarrollaba en los márgenes. Geográficos, políticos y viarios, tal como hemos visto.

La idiosincrasia sociopolítica gallega será también apuntalada por Rivas (2018) en "Vivir sen permiso". Las estructuras económicas del contrabando habían sustituido el sistema caciquil decimonónico, apoyándose en los millones de pesetas que el libre mercado había traído, para sofocar las necesidades de una población castigada por el paro y las duras condiciones de vida en el mar.

"O que teño que facer para non ter que ir ao mar. Sobra peixe que vender e fariña para amasar", la banda sonora de Iván Ferreiro que abría la serie *Fariña* (Sedes y Torregosa, 2018) explica las tentaciones para suplantar la dura faena del mar por una descarga de *fariña* que compensaba con creces un año de duros trabajos al frente de un pesquero. Más adelante, veremos que el cruel Nemo Bandeira, de *Vivir sin permiso* (Gabilondo, 2018), afianza también su respeto, no solo en su poder económico, sino en la paternalista relación que mantiene con sus vecinos.

Como se ha dicho —y parafraseando también la apertura musical de la serie televisiva *Los pazos de Ulloa*— esta Galicia quedaba demasiado lejos "del mundo y de Dios". En este caso, demasiado alejada de los poderes del estado, que permitieron campar al contrabando a sus anchas, hasta que la lacra social de la droga comenzó a tener efectos devastadores entre la juventud de los ochenta y ya fue imposible seguir mirando hacia otro lado.

La estructura de *Fariña*, organizada diacrónicamente, está entreverada de datos, hechos, nombres, pero también del imaginario que "los señores del fume y la fariña" fueron dejando en la sociedad gallega, lo cual posibilitó su conversión en ficción, en este caso televisiva.

Su adaptación a serie de televisión supuso la proyección mediática de las historias del narcotráfico gallego, en primera instancia a todo el estado, que comenzó a familiarizarse con unos personajes y hechos que habían quedado un tanto olvidados. La excelente acogida, tanto de público, como de premios, evidencia el alcance de las teleseries que han ocupado "durante la primera década del XXI el espacio de representación que durante la segunda mitad del siglo XX fue monopolizado por el cine de Hollywood" (Carrión, 2011, p. 13). La narcoficción, en este caso, ejemplifica la conjunción de investigación periodística y documental, narración, entretenimiento, poniendo de relieve la convergencia entre las industrias culturales y del ocio, a la que nos hemos referido anteriormente.

El modelo televisivo que nos ocupa es un buen ejemplo de ello. *Narcos* (Brancato, Newman y Bernard, 2015) convertía la vida de Pablo Escobar en una serie de éxito mundial, entreverando documental y ficción. La producción norteamericana y la elección del elenco artístico (dirección y reparto) apuntalaban su carácter transnacional para dirigirse a un público global, rentabilizando el interés mediático del contrabandista colombiano.[58] En

---

[58] "Desde el inicio, la serie fue planteada como un producto transnacional, para una audiencia mundial, con un equipo de producción y un grupo de actores de distintos países de América Latina y Estado Unidos. La serie ha sido transmitida en dos idiomas,

este sentido, encajaba con la temática de la mafia y la droga, predominante en clásicos como *The Sopranos*, *The Wire* o, como hemos visto, *Breaking Bad*. Por lo tanto, *Fariña* se situaba en la senda de un género emergente en la ficción televisiva y, al igual que *Vivir sin permiso* un poco más tarde, no tardaría en incorporarse a las plataformas internacionales de servicio de televisión en *streaming*, sin duda favorecidas por el viento a favor que la temática estaba alcanzando entre las preferencias del público. A ello habían contribuido, no obstante, el desarrollo que estas historias habían tenido, como hemos visto, en la narrativa literaria y fílmica gallega anterior, y la aportación de su industria cultural en la materialización creativa e interpretativa de las dos teleseries.

Fariña respetó la secuencialidad temporal del libro —cada capítulo englobaba un año diferente— con lo que se reforzaba su carácter documental, utilizado también en la abertura del primer episodio, en la que se sintetizaban los hechos más conocidos del carácter asociativo de los contrabandistas, el salto al mercado de la droga o las redadas policiales.[59]

La trama se focalizó en el protagonismo de Miñanco. El joven representa la audacia de quien se rebela contra un destino menesteroso en la pesca para convertirse en miembro de pleno derecho del clan. En primer lugar, como un avezado piloto de planeadoras, en segundo, capitaneando la introducción de cocaína en Galicia, paso que los veteranos no se atrevieron a dar.

La serie, emitida en Antena 3, y producida por Bambú Producciones, responsable, entre otras series de éxito como *Velvet* o *Las chicas del cable*, apostaba por un producto televisivo dirigido a toda la audiencia española, pero cuidando de no diluir las marcas culturales gallegas. Si José Luis Cuerda (2012) reunía en *Todo es silencio* un elenco de actores no gallegos, a excepción del papel secundario de Luis Zahera, *Fariña* apostaba por un reparto fundamentalmente autóctono, quizás por el amplio conocimiento de los fundadores de Bambú —gallegos también— del talento procedente del noroeste peninsular. Fue protagonizada por intérpretes de reconocido prestigio en

---

español e inglés, y en locaciones de Colombia y Norteamérica. Además del reparto, el equipo de producción, las locaciones y el idioma, otros aspectos como la selección temática y el encuadre o enmarcado de la trama narrativa operaron como principios de construcción de un relato transnacional". (Trujillo y Charlois Allende, 2018, p. 26)

[59] En este sentido sigue una propuesta similar a la de *Narcos*, que también entrevera imágenes y secuencias documentales con la ficción.

el audiovisual y las artes escénicas de Galicia.[60] Manuel Lourenzo, Carlos Blanco, Morris, Eva Fernández, Cris Iglesias o Monti Castiñeiras componían el rostro televisivo de los contrabandistas de las rías. También se cuidaba la cuestión lingüística, ya que, aunque rodada en castellano, eran frecuentes los giros y expresiones en gallego, que, sin incurrir en tentaciones costumbristas, completaba la ambientación local de la ficción.

Fariña enseguida pasó de la televisión en abierto para integrar los contenidos de la plataforma Netflix con el título de *Cocaine coast*. El éxito de *Narcos* había asentado el modelo y lo hacía atractivo para otras realidades y latitudes, también muy relacionadas con la emergencia del narcotráfico en Latinoamérica. De hecho, en el primer episodio de *Fariña* aparece un guiño metaficcional con la figura de Pablo Escobar y su proyección mundial.

Un último apunte sobre las relaciones galaico-colombianas. Supondrá una constante en todas las aproximaciones al tema, ya sean ensayísticos o de ficción, el contraste entre una cierta ética social y contención represiva, que practicarían los narcos gallegos, y la brutalidad e implacabilidad de los sicarios colombianos ("En Arousa, cuando se escuchaba acento colombiano, cundía el pánico" (Carretero, 2018, p. 96). Muy revelador, a este propósito, cuando el sargento Darío Castro (interpretado por Tristán Ulloa e inspirado en el inspector Enrique León) aconseja a Miñanco alejarse de la violencia, señalando que él no es un asesino, que es un hombre que ha nacido y se ha criado en el pueblo.

En efecto, Galicia no fue Medellín, ni fue Sicilia, los miembros de los clanes gallegos, de procedencia humilde y vecindad en los pueblos de la costa, llevaron una actividad voraz en lo económico, competitiva entre ellos, incluso con ajustes de cuentas violentos y trágicos, pero que nunca derivó en un terror ciego que asolase a la población, excepción hecha de la devastación que la heroína dejó entre la población costera.

---

[60] Esta proyección del audiovisual gallego en producciones estatales refleja, por un lado, la excelente cantera que constituyeron las televisiones autonómicas en la forja de directores, guionistas e intérpretes y, por otro, la concentración de mercado en las cadenas públicas y privadas estatales: "La producciò audiovisual catalana de ficciò gairebé tota per TV3. Això significa que el mercat és limitat, i per aquesta i per altres raons molts guionistes han de sortir per treballar i la majoria van a parar a productores i cadenes espanyoles. (Folch Bot, 2019, p. 63)

En la serie *Vivir sin permiso*, contrasta, de hecho, el pacto con ciertas reglas entre los capos locales, Nemo Bandeira o el Tigre, un traficante más botarate que inteligente, con la violencia despiadada del sicario colombiano Freddy o la cuñada de Bandeira, Berta Moliner, fraguada en la metrópoli México D.F. En la serie de Telecinco, los colombianos pasaban al primer plano, quizás por la conveniente tensión narrativa que daban a la acción.

El éxito mediático y televisivo de *Fariña* invitaba a proseguir con un patrón idéntico, que Telecinco explotará, aprovechando el filón mediático sobre el narcotráfico gallego. *Vivir sin permiso*[61] fue dirigida por Aitor Gabilondo, protagonizada por José Coronado y Álex González y con guion de Manuel Rivas y el propio Gabilondo, a partir del relato del primero "Vivir sen permiso" (Rivas, 2018).

El escritor gallego volvía sobre la temática negracriminal, como se describe en la contracubierta del libro, para cultivar, de nuevo, tramas que tenían al narcotráfico gallego como telón de fondo, al servicio de un retrato "da condición humana situada no límite, relatadas desde a maxia literaria". *Vivir sen permiso e outras historias de Oeste* (Rivas, 2018) consta de dos relatos más. Supone, de hecho, una suerte de novelización del guion, ya que su publicación en gallego y también en castellano (la versión en español señalaba en una faja que era la historia original de la serie televisiva) se pospuso al estreno. El relato se organiza en breves cuadros narrativos que se asemejan a la escritura guionizada, pero, a diferencia del argumento que fue llevado a la pantalla y que prioriza la acción, en el texto se profundiza en la caracterización de los personajes, la complejidad social de Oeste, los conflictos o las intrigas más insinuadas que desarrolladas. La relación intermedial entre ambas creaciones manifiesta el sentido bidireccional que las adaptaciones y los préstamos están adquiriendo entre la literatura y la narración televisiva (Gómez Trueba, 2016).

Vivir sin permiso (Gabilondo, 2018) está focalizada en la vida de Nemo Bandeira, señor todopoderoso de Oeste, en el que todo el mundo vive con su permiso. Lo hace, a diferencia de *Fariña*, situando la acción en la actualidad, lo que mitiga la parte documental del relato, para centrarse en la Galicia contemporánea. Con todo, una vez más, la adscripción geográfica con que

---

[61] Son dos temporadas de 13 y 10 capítulos respectivamente, si bien la segunda es una continuación de la historia, sin parentesco medial con el relato de Manuel Rivas. Por tal razón, concentraremos el análisis en la primera parte.

se inicia el primer capítulo de la serie evidencia la importancia cartográfica en la historia del contrabando gallego y del género ficcional que estamos describiendo:

> La primera vez que vi hablar a Nemo Bandeira fue en un bar de esos, con billar. Señaló un mapa con el taco y nos preguntó a todos:
> "-¡Eh, eh! ¿Nosotros dónde estamos?"
> Nadie respondía, claro.
> Y él dijo: "Aquí. Aquí. Noroeste, cuarta, oeste. Aquí estamos. Aquí estamos y tenemos una costa formidable, infinita, llena de escondrijos, un mar secreto, que nos protege. Tenemos de todo, tenemos combustible, tenemos costa, tenemos barcos, tenemos hombres... Y lo más importante de todo: tenemos un par de cojones" [Transcripción del autor]

El diálogo corresponde a la escena de abertura de la serie. Ferro, el lugarteniente de Bandeira, se dirige, con uno de sus sicarios, en una planeadora a una de las bateas en la que ajustician a un hombre, previsiblemente por desobedecer al capo Bandeira. Ferro parafrasea las palabras de su jefe, que, en este caso, están tomadas no del relato de Rivas, sino de una intervención similar del Mariscal de *Todo é silencio* (Rivas, 2010a, p. 105–107) y que Rivas todavía reproducirá en su artículo para *El País Semanal* (Rivas, 2010b). De nuevo, la particular y privilegiada orografía de Galicia se presentaba como un activo del negocio, como haría Sito Miñanco en sus primeros contactos colombianos, para convencerlos de la idoneidad de establecer negocios conjuntos.

Cruel y déspota, pero también con una mirada protectora y paternal hacia sus gentes, Nemo Bandeira es una suerte de Don Juan Manuel Montenegro, de las *Comedias bárbaras* valleinclanianas, también situadas en la ría de Arousa. Como en la tragedia de Valle-Inclán, Rivas sitúa la historia en un lugar ficticio "Oeste", de inequívocas resonancias geográficas, optando por una toponimia inventada, tal como en *Todo é silencio*. Las evocaciones simbólicas y líricas que pretende, alejándose del documentalismo realista, se reafirman en la recurrencia de este no-lugar, que ya había utilizado en uno de sus primeros libros de poesía. La estética wéstern, aludida a propósito de *Todo é silencio*, estaba también expresa en su poemario *Baladas nas praias do Oeste* (Rivas, 1985). En su prefacio, el topónimo "Mohicania" aparecía como un trasunto de la Galicia rebelde, caracterizada por su ubicación atlántica: "A poesía debe ser ir pisando os talóns ao ronsel dunha estrela desde o pátio de luces, mentres se escoita o son dos tambores de Cabo Verde no Atlántico norde. Son de aquí e non me é indiferente. Canto en Mohicania, no impaís, entre un Estado de guardas e outro de guardinhas (Rivas, 1985, p. 7).

Las particulares estructuras sociales y políticas de Galicia se utilizan para explicar el poder omnímodo de Nemo Bandeira. Aunque situada en el siglo XXI, las redes familiares y sociales del gerifalte de Oeste obedecen al entramado de redes forjado en los años ochenta. En ese sentido, es reveladora la lección que le traslada a su hijo, en la adaptación televisiva, al mostrarle el "Oeste real" y al señalar la fuerza profunda de su dominio, más basado en el respeto y la fidelidad que le guardan los vecinos, que en el poder despótico del dinero.

Nemo responde, por lo tanto, a la caracterización prototípica del narco arousano, si bien un poco más pulido en las formas que sus homólogos de *Fariña*. Controla el poder político, es propietario de las industrias emergentes de la zona, la vinícola y la conservera, dueño del equipo de fútbol, como Miñanco, y benefactor caritativo de las obras de la iglesia a la que ayudó a reconstruir. Nemo Bandeira tiene, sin embargo, una singular característica como personaje, que está implícito en su nombre y con el que se abre el relato de Rivas. Adolece de un incipiente alzheimer, lo que parece provocar en él una voluntad de recuperar el tiempo perdido, el Nemo joven enamorado de Ada, y que su ambición desbarató (de hecho, el amor de infancia/juventud malogrado regresa como en *Todo é silencio*). Los *flashback* de la serie y la silente pero obsesiva protección sobre su hija de soltero, Lara, son elocuentes sobre los sentimientos que asolan a Bandeira en su vejez. Un Nemo que lo ha ganado todo, pero ha perdido lo más importante: a sí mismo.

Esta característica tiene, sin lugar a dudas, la finalidad de humanizar al personaje, incorporando la complejidad en la construcción de los protagonistas, que no era habitual en el medio televisivo. Nemo Bandeira se aproximaría, por lo tanto, a otros narcotraficantes de la ficción más reciente como Stringer Bell (*The Wire*), Tony Soprano (*The Sopranos*) o, como hemos desarrollado en el capítulo anterior, Walter White (*Breaking Bad*). En todos los casos, el mal viene acompañado de cierta ambigüedad humanizadora, aspecto que no estaba en la tradicional ficción serial, mucho más maniquea en su composición.

En este sentido, son llamativas las asociaciones que se pueden establecer con Tony Soprano y su psicóloga —sus problemas de ansiedad y depresión— y de Bandeira con su neuróloga. Ambos inspiran a ambas profesionales terror y sensación de protección a un tiempo, poniendo en juego las ambivalencias y sistemas de valores de los personajes.

"Vivir sen permiso"/*Vivir sin permiso* encaja en los moldes de la narcoficción gallega, vistos anteriormente, si bien el argumento incorpora líneas argumentales que potencian el sentido melodramático de la historia, como los enredos familiares y románticos o las disputas por los negocios locales. La ambición desmesurada del abogado y ahijado de Bandeira, Mario, la abnegación de su esposa, Chon, sus hijos, Carlos, con problemas de drogas y eterno adolescente, y la vanidosa Nina, que pretende hacer carrera como marchante de arte, más por el dinero que invierte su padre, que por el talento demostrado, constituyen elementos secundarios de la trama. Complica el cuadro familiar, Lara, la hija de soltero de Bandeira con Ada, el amor de su vida. Y, por supuesto, como un miembro más, el fiel escudero Ferro, que se encarga del trabajo sucio, como una adaptación más desarrollada del Carburo que le guardaba las espaldas a Mariscal en *Todo é silencio*.[62]

La serie desarrolla el argumento que en el relato literario queda más bien esbozado, abierto, insinuado, con apuntes líricos, en la línea de la escritura de su autor. Sabremos, a partir de la ficción televisiva, que Mario se casa por interés con Nina, pero está enamorado de Lara, de la que también se apasiona un espía del CNI. Asimismo, se desarrollará más en la producción audiovisual la relación amorosa entre Carlos y su novio Alejandro, con el fatal desenlace de los últimos capítulos.

En la ficción televisiva resulta, por lo tanto, reconocible la idea original de Rivas, sin embargo, hay importantes añadidos, con la finalidad de potenciar las intrigas y el dinamismo de la acción. La conexión con el público se buscó también con el par de actores, José Coronado y Álex González, que ya habían protagonizado una de las series de mayor éxito de la cadena y del director, *El Príncipe*, que abordaba el tráfico de drogas y el terrorismo yihadista en uno de los barrios más problemáticos de Ceuta. Se distanciaba, en este sentido, de las opciones de *Fariña*, que había optado por un reparto de procedencia

---

[62] Conscientemente o no, se encuentran algunas relaciones intertextuales con el *Narcos* de Reigosa (2002). En esta novela, Lito Ferro es también el abogado de Don Orlando y está casado con su hija. El apellido, Ferro, coincidirá con el guardaespaldas de *Vivir sin permiso* y el abogado de confianza de Bandeira, como en Reigosa, se casará también con la hija del patrón.

gallega, tal como hemos visto. *Vivir sin permiso*, salvo por la presencia de Luis Zahera, eligió, en líneas generales, actores de fuera de Galicia.

Como se ha comentado, las intrigas familiares, incluso con algún guiño para el público más joven, constituyen una trama más pensada, en términos de *target*, para una audiencia más amplia. En ocasiones, con giros argumentales un poco forzados, buscando una gran efectividad dramática, como ocurría en *El Príncipe*, tal vez por las imposiciones propias del *prime time* y su escala horaria:

> *El Príncipe* era una montanya russa. El format espanyol de sèrie setmanal de setanta minuts obliga els guionistes a fer moltes trames. La por d'avorrir l'espectador amb episodis tan llargs porta a fer guions amb trames plenes de girs, s'expliquen moltes coses, hi ha molta acciò a molta velocitat. Això fa que es perdin matisos, es dona molta informaciò però de vegades no està prou dramatitzada, no tens temps de sentir empatía amb els personatges ni amb el que están vivint.
> [...]
> Sobre aquests canvis exigits per la cadena, sembla que els responsables tenien molt clar en quina direcciò havien d'anar sempre. "A la cadena els preocupava la història d'amor. Que els protagonistes sortissin com més millor, que la relaciò avancés i fos cada cop més atrevida. La resta, si es parlava de tràfic de drogues, de terrorismo, del CNI, de l'11M, de la corrupció o de posar bombes, tot això, els importava poc. El fet ès que la cadena coneix bè el seu públic i per això la serie va funcionar. No sabrem mai si el projecte original d'*El Príncipe* hauria agradar al públic de Telecinco, majoritàriament femení i urbá. El que sí que sabem és que el drama romàntic va enganxar, per això es va arribar als cinc millons d'espectadors." (Folch Bot, 2019, p. 71–73)

Con todo, pese a los ajustes creativos al *prime time* local y al metraje de los episodios, la serie consiguió transcender las fronteras de la ficción española y de la televisión generalista y se incorporó a la plataforma Netflix.

Sin duda, la tragedia de base shakespeariana que idea Rivas (Marcos, 2017), y que tiene en Bandeira a su rey Lear, contribuyó a la solidez narrativa de una nueva historia que se proyectaba en el contexto del tráfico de drogas en Galicia, como una lucha descarnada por el poder.

La literatura, como viene siendo habitual en esta nueva edad de oro de la televisión, nutría de fábulas, mitos y personajes a las nuevas ficciones seriales, en las que la narcoficción fue —y todavía es— un modelo narrativo recurrente. La desarrollada a uno y otro lado del Atlántico prosigue con notable vitalidad, en concreto la que se sitúa en el punto más occidental y norte de la Península Ibérica: en el "noroeste, cuarta, oeste".

3.2 De la novela enigma al *country noir*. Territorio de *néboa*

Marty Byrde, un consultor de Chicago se verá, como Walter White, envuelto —en su caso, a su pesar— en el turbio negocio de las drogas (*Ozark*, Dubuque & Williams, 2017). El filo de la navaja en que se había convertido el trato con los clientes de su despacho le obligará a desaparecer de la gran ciudad y refugiarse con su familia en los paradisíacos lagos de Ozark, en el estado de Missouri. Allí se dedicará, exigido por sus peligrosos contactos, al blanqueo de dinero procedente del narcotráfico.

La fotografía de la serie reproduce los hermosos planos cenitales que evocan la belleza del paisaje, perímetro en que se cierra el angosto espacio que atrapa en una intriga inquietante a los protagonistas.

La atmósfera cerrada será un motivo frecuente en el thriller televisivo contemporáneo. Pueblos pequeños y alejados darán cobijo al crimen y a sus enigmas. El clásico que servirá de modelo a narraciones posteriores —no solo audiovisuales, sino también literarias— será la serie de David Lynch, *Twin Peaks*, que gira alrededor de la investigación del asesinato de Laura Palmer. Una de las más logradas continuadoras será la primera temporada de *True Detective*, con una construcción del suspense semejante. La recurrencia en este patrón motivó en ocasiones dudas acerca de la originalidad de diferentes producciones audiovisuales. Por ejemplo, Sánchez Arévalo, director de la película española, *La isla mínima* —también al estilo de *Ozark* con sus impresionantes planos aéreos sobre los pantanos de Lora del Río (Sevilla)— se defendía de las similitudes con la trama de *True Detective*.

Es difícil no advertir en la construcción de los mecanismos que posibilitan el misterio y la intriga policial de estas series, el impacto de la novela detectivesca de enigma o de la habitación cerrada, tan características de los maestros del suspense, como Agatha Christie o Arthur Conan Doyle. El investigador debe resolver un crimen —en apariencia perfecto— que se ha llevado a cabo en un lugar cerrado —el Orient Express o el crucero del río Nilo, por ejemplo— con un elenco limitado de sospechosos. Aparentemente, todos tienen coartada. El hecho de que estas dos novelas de la escritora inglesa hayan sido llevadas al cine evidencia el buen comportamiento del género también en el medio audiovisual y las facilidades de transferir estos thrillers del papel a la pantalla.

De la *habitación cerrada* al *country noir*

Es posible, por consiguiente, advertir algunas continuidades entre la novela de enigma y el *country noir*: el espacio cerrado como configurador de la trama y la investigación policial que resuelve favorablemente uno o varios crímenes en apariencia irresolubles.[63] Existen, sin embargo, algunas diferencias entre el modelo literario y su prolongación audiovisual. Debido a las posibilidades narrativas de la televisión, en estos últimos casos, hay una mayor diversificación de la historia principal y el crimen novelístico de motivaciones individuales da paso a problemáticas colectivas como el feminicidio, la explotación y exclusión personal o el delito organizado, cumpliendo la orientación social que Lemaitre (2022, p. 324) advierte en el tránsito del género policíaco al negro. Esta última categoría, tras su origen en el *hard-boiled* americano en los años veinte del siglo pasado irá tomando diversas derivadas temáticas y ambientales (Martín Escribá y Canal i Artigas, 2019, p. 79)[64]. Por tal motivo, el espacio deja de ser un elemento circunstancial que prefigura el enigma, para dibujar una comunidad cultural, que no solo delimita el crimen, sino que lo explica, en atención a factores sociológicos o antropológicos.

En el caso de la ficción serial, la contextualización espacial manifiesta, por consiguiente, una particular querencia por una determinada geografía y por los condicionantes culturales de la misma. La alianza de ambos fenómenos elabora una atmósfera específica, propicia para el misterio y el delito. Puede ser el caso de la *deep America*, en los ejemplos mencionados —en *Ozark* es destacable la recuperación de alguno de los códigos del wéstern— o ejemplos más próximos —aunque también globales— como el archipiélago escocés Shetland, donde se sitúa la serie del mismo nombre (*Shetland*, Hoar, 2013),

---

[63] Marín Escribá y Canals i Artigas (2019, p. 27), citando a Poe, establecen un vínculo entre la narración policial y el juego intelectual: "la elaboración de un crimen perfecto (enigma), en que el ingenio (racionalidad) de un personaje (detective) debe resolver la incógnita (resolución del misterio)".

[64] "Nosotros definimos la novela negra como un movimiento literario estadounidense del siglo XX, iniciado a principios de la década de los veinte por la escuela *hard-boiled*, que culmina con la corriente *noir* entre los años treinta y cincuenta, y se va desvaneciendo a lo largo de los sesenta con el procedimiento policial, hasta llegar a mediados de los años setenta, con tres generaciones de autores muy definidas, consecuencia de los acontecimientos sociales y políticos de los Estados Unidos." (Marín Escribá y Canal i Artigas, 2019, p. 79)

protagonizada por el detective Jimmy Pérez, adaptación de las novelas de Ann Cleeves.

Un elemento habitual del esquema narrativo es que el investigador o investigadora es normalmente forastero, de los servicios policiales o de investigación centrales —a menudo en colaboración con la fuerzas locales—, que debe encarar las desconfianzas autóctonas que contribuyen a encadenar todavía más el misterio y dificultar la resolución de los crímenes, en ocasiones debido a férreos pactos de silencio. Una aparente alteración a la norma sería el caso de Jimmy Pérez, ya que es nativo del archipiélago, pero su apellido extranjero (el creador de la serie confesó que lo había adoptado de Pérez Reverte), alude a su origen foráneo. En este sentido, es llamativo cómo una migrante nigeriana increpa en el primer capítulo de la quinta temporada al comisario, denunciando la pasividad policial, desconfiando de la protección que se deben a sí mismos todos los isleños.

Orzak, Twin Peaks, Shetland. El espacio, la comunidad, en primer plano.

En este segundo apartado del capítulo nos ocuparemos de las ficciones ambientadas en Galicia que siguen patrones similares, constatando el comportamiento *glocal*, en el que la geografía sigue aportando un notable valor semiótico. Su proyección internacional se explica por el reconocimiento del modelo universal del thriller y por la favorable recepción de narraciones de marcado timbre regional. En este caso, el carácter autóctono no se subraya únicamente por las características escénicas de la acción narrativa —ese rincón húmedo y lluvioso de la Península Ibérica, según reza el estereotipo—, sino también por la perceptible continuidad con la producción literaria y cinematográfica gallega, que delimita una identificable y autónoma línea creativa, de la que se beneficia la consistencia narrativa y estética de estas series televisivas.

El 3 de marzo de 2021, el periódico británico *The Guardian* publicó un artículo titulado "Galician noir: how a rainy corner of Spain spawned a new TV genre" (Webster Ayuso, 2021). El texto desarrollaba la proyección global de series de televisión y novelas ambientadas en Galicia categorizadas como género negro. Mencionaba los ejemplos de *O sabor das margaridas*, *3 Caminos*, *Auga seca* o *El desorden que dejas*, que llegaron a las plataformas internacionales como Netflix o Amazon Prime. En todas ellas, Galicia, como geografía de ficción, ocupa el primer plano de la narración. Tal como señala Piatti (2017) los mapas literarios nos revelan aspectos desconocidos o inesperados patrones de un determinado espacio literario o cinematográfico. El artículo mencionaba el vínculo con la tradición literaria gallega y los orígenes del género negro con *Crime en Compostela* (Reigosa, 1984) o libros más recientes como las novelas de Domingo Villar. Recogía, además, la opinión de diferentes productores que señalaban la importancia de la Televisión de Galicia como cantera de talento técnico y creativo. El titular de *The Guardian* vinculaba la ficción con el espacio, subrayando una característica que ha configurado la representación imaginaria de este territorio: "lluvioso". La interrelación, por tanto, entre espacio y literatura, cine y televisión es, a menudo, indisociable en estas ficciones. Bien como homenaje y potenciación del thriller, bien —todo sea dicho— como una insistencia en los estereotipos y tópicos sobre Galicia.

El excelente comportamiento de la industria audiovisual gallega y su habilidad para adaptarse a los mecanismos de la cultura global y convergente (Jenkins, Ford y Green, 2015) han posibilitado, por consiguiente, esta expansión, en virtud del talento alcanzado tras años de profesionalizar la interpretación y dirección, como acreditan los numerosos premios o la participación de actores, directores o técnicos, formados en la industria escénica y televisiva de Galicia, en series de alcance estatal.

Los productos de mayor éxito internacional son, de hecho, la punta del *iceberg* creativo, que no pueden disociarse de un ecosistema literario específico. La tradición e institucionalización de la cultura gallega, desarrolladas fuertemente en los dos últimos siglos, suponen una singular fortaleza para generar propuestas estéticas de distinto escopo y naturaleza.

Territorio brumoso: misterios, monstruos y policías

A diferencia del apartado anterior, cuyas series obedecen, en gran medida, a prácticas transmediales, en virtud de la adaptación del libro a la pantalla, aquí nos encontramos con una suerte de remedialidad,[65] que demuestra la incorporación al universo audiovisual de arquetipos, motivos y figuras de la literatura gallega, de la que se beneficia el guion y la factura visual de estas ficciones televisivas.

---

[65] "Este concepto designa la presencia de diferentes medios en el seno de un mismo texto u obra, pero adoptando un esquema en el cual un medio principal acoge en su seno la presencia del otro, no de forma directa, en su entidad medial, sino indirecta, es decir, tematizado o representado." (Gil y Pardo, 2018, p. 293)

El folclore y la tradición cultural gallega resultan propicios para acoger historias en las que predomina el misterio, a veces el terror, y también lo monstruoso, ya ancestral, ya posmoderno, en donde lo teratológico se apoya antes en lo conductual que en la transgresión física. Como en la narrativa literaria, la máscara, ya sea material o simbólica, juega un papel trascendental en la construcción del suspense y en las coordenadas sociales que el crimen oculta y, posteriormente, revela.

Los casos televisivos que analizaremos más adelante se podrán encajar en el modelo del *country noir*. Por ello, cobra un papel importante en la espacialización, la idea de frontera. La investigación, a cargo de un agente foráneo, se encontrará con un predominio de lo insólito y enigmático, que terminará poniendo al descubierto lo aberrante, dentro de una atmósfera cerrada y asfixiante.

En esa construcción enigmática de la habitación cerrada se advierte, por lo tanto, una dinámica entre tradición y ficción global, que bebe de los préstamos del folclore y la tradición oral de la narrativa gallega, así como de los clásicos de su literatura, como Ánxel Fole, Vicente Risco, Eduardo Blanco Amor o Álvaro Cunqueiro que cultivaron el enigma, el misterio o lo insólito a través del cuento.

Tanto a nivel cinematográfico como literario, destacan, hoy en día, obras en las que se adaptan a la ficción contemporánea los imaginarios antropológicos (personajes de ultratumba, meigas, animales fantásticos o la santa compaña) a este renovado interés por la intriga y lo enigmático. La película *O Apóstolo* (Cortizo, 2012), la primera en utilizar la técnica *stop motion* en Europa así lo acredita al introducir el imaginario de los atavismos de ultratumba a una narración contemporánea sobre el Camino de Santiago.

El "nuevo cinema" gallego juega, igualmente, con los códigos más ancestrales de lo sobrenatural, conjugados con las técnicas y estéticas más actuales. En la película de Lois Patiño (2020), *Lúa vermella*, aparecen también las voces del más allá, las sombras, el poder magnético de la luna, las meigas o la invocación de los muertos para elaborar esta propuesta cinematográfica que sobresale por una fotografía que llama la atención por su plasticidad y cromatismo. En este filme, donde lo onírico y lírico se sobreponen a lo narrativo, aparece el tema de los naufragios, una tragedia que periódicamente ha asolado y asola la costa gallega. En este caso, se simboliza con un monstruo marino, una bestia, de color rojo que tiñe toda la ría, como una criatura, que está entre lo físico y lo imaginado, entre lo expresable y el tabú.

En un entorno similar, aunque montañoso, se ambienta *Trinta lumes* de Diana Toucedo (2017), a medias entre la ficción y el documental. Está situada en una de las aldeas de la sierra de O Courel, en la que ya solo viven treinta familias. La niña Alba llega con su familia el día de Todos los Santos y la estancia supondrá un viaje iniciático y de aprendizaje en el que convive la realidad con la magia y el mundo de los vivos con el de los muertos, en un mundo rural que está en vías de extinción. En este caso, lo monstruoso es más inducido e imaginado que representado y, por la vía de lo sobrenatural e insólito, se aborda una realidad —el despoblamiento de la Galicia interior— y con él la desaparición de una cosmovisión y una cultura secular.

La borrosa frontera entre lo real y lo fantástico y la incorporación de personajes identificables dentro de las galerías habituales de lo monstruoso (fantasmas, bestias o demonios) generaba unos tonos narrativos y escénicos muy convenientes a la caracterización del *country*, de los que se beneficiará la ficción serial más *mainstream*. Sin embargo, aunque en ellas se apela, como veremos, a este ambiente nebuloso (las montañas de Cedeira, las humedades de las termas próximas a Celanova o la bruma insular de *Néboa*) y se juega con la ambigua presencia de lo fantástico (el papel del urco en *Néboa* o el posible satanismo en *O sabor das margaridas*), los trazos de este monstruo contemporáneo están más en el ámbito de lo real que de lo sobrenatural.

Si la arquitectura cartográfica de este thriller rural se relaciona en gran medida con estos factores culturales y tradicionales, la construcción del suspense y la investigación se emparenta también con la actual novela policíaca y su derivada *noir*, en la medida que afloran conflictos sociales. En este sentido, la expansión literaria del género en Galicia, tanto por la posición alcanzada en su sistema cultural, como por el buen comportamiento en su proyección exterior, explica su amplio desarrollo tanto en el papel como en la pantalla. La ficción policial o detectivesca ha dejado de ser únicamente un juego de averiguación para incorporar trazos más oscuros que se dirigen al corazón de los traumas sociales y políticos actuales. La función cronística que ha adoptado este género —no por casualidad muchos de sus autores proceden del periodismo— ha puesto el acento en preocupaciones colectivas como la explotación sexual de menores o los feminicidios. El asesinato individual será con frecuencia la ventana que permite adentrarse en las trastiendas ocultas de las opulentas y biempensantes sociedades actuales.

Cabe, en este sentido, advertir el papel pionero que tuvieron en Galicia las novelas policiales de Domingo Villar, publicadas ya en pleno siglo XXI, que abrieron un fecundo camino a la temática negra y de suspense en el repertorio novelístico. Tras su éxito, sustanciado en numerosas ventas y traducciones o reconocimientos (véase la transformación del prestigioso premio "Pata Negra", otorgado por el Congreso de Novela y Cine Negro de la Universidad de Salamanca, en el Premio "Pata Negra-Domingo Villar")[66] potenció una categoría narrativa, que generó un significativo boom literario.

En sus obras es evidente el protagonismo que alcanza Vigo, a través de las investigaciones del inspector Leo Caldas y su ayudante Rafael Estévez. La recepción que tuvieron *Ollos de auga* (2006), *A praia dos afogados* (2009) y *O último barco* (2019) motivó que el éxito editorial en lengua gallega propiciase una expansión del modelo (Núñez Sabarís, 2020). Si la ciudad olívica y sus alrededores eran el escenario de las novelas de Villar, enseguida, Santiago, las islas o el litoral atlánticos pasaron a ser las localizaciones predilectas de los escritores gallegos que cultivaron el género (véase el mapa de López Sández y Núñez Sabarís, sf).

También en la literatura, como veremos en las series, la investigación detectivesca ha sido el lugar de paso para problematizar traumas sociales de nuestra época. En el caso de la última novela del escritor vigués (*O último barco*), la desaparición de una mujer joven, Mónica Andrade, era el punto de partida de la investigación. La trama transcurría entre Vigo, sobre todo en la Escuela de Artes y Oficios, donde trabajaba Mónica, y la parroquia de San Xoán de Tirán, en el municipio de Moaña, al otro lado de la ría, donde vivía la desaparecida. La resolución del caso permitirá descubrir otros delitos atroces, que colateralmente afectarán a Mónica Andrade.

El paradero desconocido de la chica abre, dentro de la lógica del enigma de la habitación cerrada —un número limitado de sospechosos— un abanico no muy amplio de posibles criminales. Jugará un papel importante en la construcción de la intriga la ocultación del rostro, mediante una máscara. Uno de los inculpados, en primera instancia, al que apuntan varios indicios

---

[66] Domingo Villar falleció de muerte repentina en 2022, a los cincuenta y un años.

será Camilo Cruz, un chico con autismo, vecino y amigo de Mónica. A pesar de que todo apunta a su responsabilidad, su habilidad para dibujar de manera fiel la realidad será indispensable para avanzar en las investigaciones y en su resolución. Como en el clásico literario y cinematográfico *Matar a un ruiseñor* se reflexiona sobre la escasa tolerancia de las sociedades hacia lo que se desvía de la norma. También aquí lo monstruoso no está en lo excepcional de las capacidades, sino en lo abyecto de los comportamientos, asumiendo una mayor abertura de las civilizaciones actuales a los nuevos sujetos de la historia, señalados por Tucherman (2012), y una mayor aceptación de la heterogeneidad de género, física o intelectual.

Otra novela ambientada en Vigo y sus alrededores será *Un lume azul*, de Pedro Feijoo (2019), que incorpora, igualmente, a la narración horrendos crímenes. Ahora será una serie de asesinatos de ancianos respetables que son torturados hasta la muerte. Feijoo incorpora por primera vez en su universo literario al inspector de policía Mateo, para hacerse cargo de la investigación. Sus indagaciones hacen emerger la podredumbre social y desenmascarar respetabilidades intachables de la ciudad. Las citas de la *Divina Comedia* que abren cada uno de los capítulos pretenden enfatizar esta incardinación secular del mal, por vía de las complicidades intertextuales. La narración desvela una poderosa y oculta trama de explotación infantil, bajo el paraguas de las instituciones caritativas, abordando un motivo recurrente —quizás en exceso— de los thrillers literarios y televisivos contemporáneos: el mecanismo del delito que se ramifica en la política, judicatura, policía o periodismo, como una barrera contra la que choca una y otra vez la investigación policial.

Los asesinatos encierran, a su vez, un mensaje que permitirá ir haciendo converger la crueldad del castigo con la monstruosidad de los delitos. Será, sin embargo, como advierte Gil (2006), nuestro comportamiento demasiado humano lo que explicará semejantes atrocidades.

En las novelas policiales de Arantza Portabales, *Beleza vermella* (Portabales, 2019) y *A vida secreta de Úrsula Bas* (Portabales, 2021), la máscara, como en las obras de Pedro Feijoo, viene dada por la apacible, anodina y ejemplar vida de las clases medias que la protagonizan, en las que el crimen parece un insospechado acto.

En la primera se trata del asesinato de la niña Xiana Alén, con indicios de abuso sexual y, en el segundo, el secuestro, en primera instancia, de la escritora de éxito, Úrsula Bas, que poco a poco se va relacionando con la desaparición de otra mujer, ocurrida años antes en Pontevedra. Será una foto de Carnaval la que llevará a los policías Santi Abad y Ana Barroso a descifrar el enigma de *Beleza vermella*. La novela se conduce a través de una siniestra trama que conjuga lo policial y psicológico y que pone de manifiesto el lado monstruoso y terrorífico del *Doppelgänger*. En la segunda novela, la figura del doble y los juegos de identidad acerca del misterioso Nico que está, aparentemente, detrás de los raptos de ambas mujeres constituye también el principal enigma de la narración.

Las dos últimas novelas de la escritora parten de homenajes explícitos a Agatha Christie y a la fórmula de la habitación cerrada, explotada en *Diez Negritos* o *La casa torcida*. Ambas obras son, respectivamente, los hipotextos de *O home que matou a Antía Morgade* (Portabales, 2023) y *Asesinato na casa rosa* (Portabales, 2025). En el primer de ellos, el contexto es una reunión de antiguos compañeros que se habían criado en una casa de acogida de Santiago de Compostela. Hace años había muerto, en el hogar social y en extrañas circunstancias, el personaje que da título al libro, Antía Morgade. El trágico episodio vuelve para colarse en las actuales vidas de los protagonistas, que van muriendo de uno en uno. Un thriller en el que Abad y Barroso tendrán que descifrar si el asesino procede del grupo de jóvenes o de alguien externo. En *Asesinato na casa rosa*, Arantza Portabales cambia de encaje espacial —ya no es Santiago de Compostela, sino una casa en una villa costera, y ficticia, Loeiro—. Sustituye, además, el dúo policial de sus anteriores novelas. Ahora, la inspectora Iria Santaclara, en excedencia, se apoyará en su antiguo jefe, César Araújo, para descifrar un singular caso. El millonario Ulises Vilamor invita a la detective a instalarse en su chalé, en el que vive con sus hijos, para investigar la muerte de su esposa, años atrás. Habitación cerrada, por lo tanto, en estado puro.

Un homenaje al modelo serial televisivo es la novela *Infamia*, de Ledicia Costas (2019), donde pasamos del mundo urbano al rural. La abogada Emma Cruz, profesora de Derecho Penal se instala en Merlo, una aldea —ficticia— de los aledaños de Vigo, para ir integrándose en una comunidad todavía traumatizada por la desaparición, hace veinticinco años, de dos niñas, las hermanas Giraud. La humedad y la lluvia son constantes a lo largo de esta narración en la que son explícitos las referencias y homenajes a *Twin Peaks*, como hipotexto de ficciones literarias, cinematográficas y televisivas.

Las series *noir*, más allá del Atlántico

El tono, ya tradicional, ya contemporáneo, de la cultura gallega, a través de sus relatos orales y cuentos clásicos, de su nuevo cinema o de la corriente negra de la literatura actual, impregna los contenidos de las series televisivas que se analizarán en este apartado. Nos centraremos en *Hierro* (Coira, 2019), *Néboa* (Morais et alii, 2020), *Rapa* (Coira y Araújo, 2022), *O sabor das margaridas* (Jaber Martínez *et alii*, 2018) y *El desorden que dejas* (Montero, 2020). Todas ellas se caracterizan por el suspense y el enigma de la trama y por una singular ambientación espacial que contribuye a potenciar ambos elementos.

Las islas gallegas del parque Atlántico, joya de la corona turística por sus paradisíacas playas, la cuenca de los ríos Miño y Sil, en donde sobreviven aldeas que resisten el éxodo hacia el litoral atlántico, o las villas de Celanova o Cedeira son los principales escenarios de estos thrillers televisivos.

Es bien evidente la contribución del espacio insular a la configuración del enigma televisivo. Como afirma el escritor y guionista José Coira, en el *making of* de *Hierro*, la isla, con su limitado perímetro, recuerda a los crímenes de las mansiones victorianas de "habitación cerrada": un número concreto de sospechosos, un cadáver y solo un culpable (o varios, como en *Asesinato en el Orient* Express, de Agatha Christie).[67]

Por eso, un espacio delimitado, rodeado de agua, con poca población y dificultades para acceder y salir, sobre todo en días de tormenta, es el lugar idóneo para ambientar historias de intriga y terror.

Las tres rías del sur de Galicia (Vigo, Pontevedra y Arousa) están custodiadas en su entrada por tres islas o minúsculos archipiélagos. El archipiélago de las Cíes, las islas de Ons y Sálvora presiden la penetración del mar en la costa. Además de ser uno de los principales atractivos turísticos —Cíes y Ons reciben miles de visitantes en los meses de verano—, forman parte de un imaginario vinculado a lo enigmático, lo desconocido y los mitos fundacionales de Galicia, como recuerda Ledo Andión (2020) al referir la recurrente presencia de islas y sirenas en el cine gallego. También la literatura ha mirado frecuentemente para el espacio insular. Parte de la novela *Os fillos do mar*, de Pedro Feijoo (2012), se situaba en Ons y la novela breve de María López Sández, *O faro oscuro* (López Sández, 2015), transcurría,

---

[67] Vídeo disponible en la siguiente dirección: https://www.youtube.com/watch?v=J8y3I-ktoP9o&t=183s [consulta el 31 de octubre de 2021].

aunque no mencionaba expresamente el nombre, en Sálvora. Las referencias implícitas así lo indican, ya que es la única desde cuyo faro se divisa Ons, situada a pocas millas al sur.

En esta novela el inspector Neira tendrá que resolver la desaparición de la periodista Catalina Moscoso, cuyo rastro se pierde en la isla durante una visita al farero (el único habitante que conservaba Sálvora hasta hace poco) para informarse sobre un naufragio provocado por un accidente aéreo hace diecisiete años. Aunque sabemos que Catalina está secuestrada en un agujero, el suspense se mantiene hasta el final de la historia. El tiempo turbulento en el barco, la niebla y la oscuridad jugarán un factor clave en la escenificación del suspense.

El misterio de Sálvora, además, se ve acrecentado —la propia novela menciona este episodio— por la memoria colectiva vinculada a una tragedia. En 1921, el buque Santa Isabel naufragó frente a sus costas, causando la muerte de 213 personas (56 quedaron con vida). El barco viajaba del puerto de Bilbao a Cádiz (con escala en A Coruña), recorriendo todo el tramo atlántico de la Península Ibérica. Se recordará la heroicidad de las mujeres que, mientras los hombres salían en barcos pidiendo auxilio, intentaron rescatar el mayor número posible de vidas. Recientemente, algunas obras han regresado al hundimiento del Santa Isabel, como la novela juvenil, *Noite de temporal*, de Núñez Singala (2019) o el largometraje *A illa das mentiras*, de Paula Cons (2020).

La película está contada en forma de crónica, cuando el periodista argentino León desembarca para elaborar un reportaje de lo sucedido. El episodio permitirá conocer los aspectos más oscuros de la vida en la isla —en la época en la que aún estaba habitada— y de las luchas sociales de principios del siglo XX. El relato histórico, el thriller y las heroicidades de Josefa, Cipriana y María, con la irreverente rebeldía de esta última, son los ingredientes que han hecho de la película una de las más vistas en 2020. Además, ha cosechado numerosos galardones, entre ellos cinco de los Premios Mestre Mateo en 2021, uno de los cuales recayó en Paula Cons a la mejor directora.

Fue el año en el que las producciones ambientadas en las islas se llevaron la palma en la XIX edición de estos premios. A los cinco de *A illas das mentiras* se sumaron los nueve de la película *Ons* (Zarauza, 2020) y el premio a *Néboa* —de la que hablaremos más adelante— como mejor serie de televisión.

Como su título indica, la isla de Ons es la protagonista del largometraje homónimo de Alfonso Zarauza (2020). La caracterización, sin embargo, huye de tópicos turísticos, del paisaje idílico o de la fotografía exótica de uno de los enclaves más paradisíacos de Galicia, para centrarse en el espacio claustrofóbico e invernal que acaba atrapando a los protagonistas. La localización en esta época del año explica que esté casi vacía (no hay transporte marítimo de pasajeros durante este periodo) y el clima atlántico y lluvioso es idóneo para la historia central de la película. *Ons*, de hecho, no encaja en el género del thriller policíaco, pero tiene notables dosis de misterio y suspense. En primer lugar, por los silencios y el vacío de la crisis existencial de la pareja que la protagoniza, que decide descansar una temporada del ajetreo urbano de Barcelona, aprovechando una invitación del hermano de ella, farero de la isla (otra vez los fareros). La relación a cuatro bandas entre las dos familias se verá alterada por la aparición, como una sirena, de una náufraga alemana, rescatada de una muerte cercana. Poco a poco, consigue comunicarse, a pesar de su dificultad con el idioma, y los interrogantes comienzan a surgir a medida que la presencia de la forastera desestabiliza la pequeña comunidad isleña.

La presencia de la geografía insular en el cine tendrá también su correlación en las series de televisión, ahora con una clara apuesta por la narración policíaca más canónica. *Hierro* (Coira, 2019) y *Néboa* (Morais *et alii*, 2020) fueron dos de los fenómenos televisivos de los últimos años, como atestiguan las audiencias televisivas y los premios que han cosechado.

Hierro está situada en la isla del mismo nombre, en el archipiélago canario, frente a la costa oeste de Marruecos, siendo el territorio español más occidental. Es una de las siete islas canarias, de origen volcánico y paisajes extraordinarios. Así que, como espacio ficticio, presenta una geografía intrigante y atractiva, reforzando la conexión atlántica que estamos describiendo.

Sorprenderá, sin embargo, que esta obra se incluya junto a series de facturación gallega, dado que se sitúa a miles de kilómetros de su territorio. A pesar de la localización e interpretación (mayoritariamente) canaria, la creación, la idea original y la producción son gallegas. De hecho, la intención inicial era situarla en Galicia. Los hermanos Jorge y José Coira se encargaron de la dirección y el guion, respectivamente, y la firma gallega Portocabo de la producción. Esta productora se ha especializado, además, en series del género negro, como *Auga seca* (Blanco, 2020), coproducción con la Radio Televisão Pública de Portugal, y en el que se aborda el contrabando de armas. Vigo y

Lisboa son los escenarios de la serie. Encaja también en el formato la serie *Rapa*, de la misma compañía, que adapta el modelo de *Hierro* y lo traslada a las poblaciones del norte de Galicia. Nos ocuparemos también de ella.

El análisis de *Hierro*, aun distanciándose geográficamente, permitirá advertir el carácter arquetípico en la construcción narrativa y espacial de estas series.

Fue emitida en la plataforma audiovisual española Movistar +. Su primera temporada batió todos los récords en 2020 (la segunda temporada es de 2021) en nominaciones a los Premios Mestre Mateo y fue reconocida como la mejor serie de televisión en los Premios Onda de 2019. Es un thriller que sigue las convenciones de la novela policíaca clásica, aunque la investigación esté a cargo de la jueza Candela Montes. La ambientación en la isla recuerda, como ya se ha dicho, a las tramas de asesinatos en habitaciones cerradas. Se abre con una muerte y todo apunta a un asesinato. El principal sospechoso es Antonio Díaz —empresario argentino afincado en Hierro—, que iba a ser el suegro de Fran, el chico muerto. Con antecedentes penales y negocios turbios, en los que también colaboraba su futuro yerno, todo apunta a su responsabilidad, con incidentes que apuntarán cada vez más a su culpabilidad. Al frente de la misma estará la jueza Candela Montes, recién llegada al pequeño pueblo (un clásico, como estamos viendo, del género) y con un hijo con discapacidad severa y absolutamente dependiente. Poco a poco se irá desarrollando una rara y discontinua complicidad entre Díaz y Candela —dos foráneos, dos extraños—, para descubrir a los asesinos de la primera y segunda temporada.

El esquema narrativo de *Hierro* se aplica, llevado a cabo por la misma productora y casi por los mismos creadores, a las tramas de las tres temporadas de la serie *Rapa* (Coira y Araújo, 2022). En este caso, situadas en la península y en la zona de Ferrol y su entorno. La primera temporada se localiza en la villa de Cedeira y comienza con el asesinato de su alcaldesa en la montaña que la rodea. La escena inicial con los caballos salvajes por la brumosa superficie explica su título: la rapa de las yeguas ("as bestas") es una fiesta de gran arraigo cultural que consiste en cortar las crines de los animales que se realiza en los *curros* (recintos cerrados donde se recogen los caballos). A pesar del título, el desarrollo de la serie pronto abandonará este escenario. La segunda temporada aborda un homicidio en el arsenal militar de Ferrol y, en la tercera y última, se investiga el secuestro de la hija de una familia adinerada y una extraña muerte en los astilleros de esta misma ciudad. En ambos casos, las comunidades cerradas —ya sean geográficas o de los lugares en que ocurre el crimen— activan la investigación de Maite Estévez, agente de la Guardia Civil (encarnada por la actriz Mónica López, que se había popularizado por su papel en *Hierro*), ayudada por un singular acompañante: su amigo Tomás Hernández (descubridor del cadáver de la alcaldesa), aquejado de una enfermedad degenerativa, profesor de instituto, lector voraz y escritor *amateur* de novelas policíacas. Su intuición, lúcida e impertinente, se cuela en las indagaciones oficiales de su compañera, como un homenaje al género criminal y a su variante *cozy*, popularizadas por investigadoras aficcionadas como Miss Marple o la televisiva Jessica Fletcher. El debate y las complejas decisiones en torno a la eutanasia se incluyen como una temática secundaria, pero importante, en la trama de *Rapa*.

Atraída por el éxito de *Hierro*, la productora del diario *La Voz de Galicia* apostó también por una fórmula similar a la de Portocabo con *Néboa* (Morais *et alii*, 2020), aunque, en este caso, situada en Galicia.

Néboa (niebla en gallego) es el nombre de la isla ficticia en la que transcurre la acción. Está situada cerca de la costa coruñesa y los exteriores se rodaron en localidades y entornos naturales del norte de Galicia: Cabo Ortegal, Ortigueira, Cariño o Estaca de Bares fueron algunos de ellos.

Una vez más, la niebla, la humedad y la noche marcan la pauta del *noir* gallego y se convierten en el telón de fondo perfecto para este thriller policiaco con tintes de terror.

Máscara y carnaval juegan un papel importante en esta serie de ocho capítulos. Emitida por Radio Televisión Española fue producida por Voz Audiovisual (la productora de la corporación *La Voz de Galicia*), con un reparto mayoritariamente gallego. El protagonismo de la investigación recae en dos mujeres, la inspectora de la Guardia Civil Mónica Ortiz y la teniente Carmela Souto. Procedente de Madrid, Mónica Ortiz llega acompañada de su hija, Vega Alonso, para investigar el asesinato de Ana Galmán, una chica de la isla. El cuerpo de Ana aparece en una gruta cerca del mar, con signos de violencia sexual, y con el rostro cubierto con una máscara de madera del *urco*, un can enorme, de la mitología gallega, que augura la muerte. El asesinato tiene lugar el martes de Entroido y el urco, al igual que había hecho en los años veinte, deja sobre su víctima la siniestra máscara como sello de su autoría. En este caso, al igual que en el *joker*, la máscara, más que una estratagema de ocultamiento hace que emerja el yo más profundo del monstruo y se active su personalidad perversa y letal.

A medida que avanza la serie crecen las víctimas del urco y la inspectora Ortiz se apoya en los agentes de Néboa, en la que destacará su complicidad con la agente Carmela Souto. Son muchos los silencios que predominan en la isla, exigidos por la familia Ulloa, caciques y narcotraficantes, a quienes la mayor parte de los habitantes les deben favores o les temen. Sin embargo, más que en los delitos materiales, la historia de este singular ogro se explica por atavismos familiares, por demonios en los que la pulsión depredadora de la sangre puede más que la razón.

Se introducen también preocupaciones sociales latentes como el maltrato sufrido por Vega, en una relación anterior, y la dependencia que todavía siente por su anterior pareja, y se rescatan algunos elementos tradicionales del folclore gallego, como el propio urco o los amuletos que refuerzan el misterio de esta brumosa isla del Atlántico. A pesar de las apariencias, ninguna fuerza teratológica explicará la acción del mal y sí las monstruosidades de rostro muy humano.

Se observa, pues, una apropiación de las leyendas y de lugares icónicos de Galicia para construir el escenario y la trama. Ana, la niña violada y asesinada, aparece en el "Burato do Demo", una gruta en los acantilados de la isla. Recuerda, inevitablemente, a uno de los enclaves más emblemáticos de Ons: el Burato do Inferno, que ya había tenido un singular protagonismo en *Os fillos do mar* (Feijoo, 2012). Se trata de una cavidad en la superficie terrestre conectada al mar por una serie de galerías interiores. Este singular accidente orográfico ha dado lugar a numerosas historias y fábulas, por lo que potenciará los misterios que rodean los sacrificios del urco y las incógnitas que rodean su identidad.

Si las islas incrementan el suspense del crimen, las pequeñas villas, a modo de la televisiva *Twin Peaks*, tendrán un papel similar. Son pequeñas comunidades que se alejan de esa espina dorsal, que estructura —y simboliza— la articulación territorial y económica de la Galicia contemporánea: la autopista AP-9 que une A Coruña con Vigo. Es decir, la franja atlántica que discurre de norte a sur y que concentra gran parte de la población de Galicia y la mayor parte del sector industrial y comercial de su economía.

Pero hay otra Galicia, la del interior, la situada, por ejemplo, entre las riberas de los ríos Miño y Sil, que también muestra una gran fuerza creativa y que ha reclamado su lugar como geografía para la ficción negra del siglo XXI. De hecho, la tradición literaria gallega no puede entenderse sin el eje que atraviesa las provincias de Ourense y Lugo —las únicas sin costa atlántica—. El Mondoñedo de Álvaro Cunqueiro, el Lugo de Ánxel Fole, el Caurel de Uxío Novoneyra, el Ourense de Vicente Risco, Otero Pedrayo o Eduardo Blanco Amor o la Celanova de Curros Enríquez y Celso Emilio Ferreiro son imprescindibles para una comprensión completa de la literatura gallega.

Rapa, como hemos visto, en su primera temporada ya optaba por una pequeña comunidad para situar su trama.

A su vez, *O sabor das margaridas* (Jaber Martínez *et alii*, 2018) localizaba su primera temporada en un pequeño pueblo de la cuenca hidrográfica del Miño-Sil, el ficticio Murias. La serie se convirtió en un fenómeno singular del audiovisual gallego, ya que, a partir de su emisión en la plataforma Netflix, alcanzó una amplia audiencia internacional. Después de su estreno como producción propia de la Televisión de Galicia, su inclusión en el catálogo de Netflix propició que pudiese verse en 180 países, preservando la versión original en gallego —la primera serie de la plataforma en hacerlo— y se situó como la séptima serie de habla no inglesa más vista en Irlanda y el Reino Unido (Vizoso, 2019). Esta primera temporada transcurre en esta pequeña villa de Galicia, cuyo nombre y ubicación desconocemos. En la segunda temporada se le pondrá nombre —Murias— y sabremos que está ubicada en la provincia de Lugo. Al pueblo llega la agente de la guardia civil, Rosa Vargas, para investigar el asesinato de varias chicas, en lo que parece ser obra de un asesino en serie. Poco a poco, se irá desvelando también que la motivación principal de la agente es descubrir la desaparición de su hermana, ocurrida años antes en ese mismo enclave.

Esta primera temporada se sitúa en el género del thriller rural, con elementos que evocan los clásicos televisivos ya mencionados. Algunos indicios apuntan a elementos satánicos, que no dejan de ser un simple *mcguffin* de la trama. Como en la novela de Pedro Feijoo, *Un lume azul*, iremos observando desgarradores episodios de prostitución, abusos y pederastia, cubiertos con el tupido manto de silencio que se extiende sobre el pequeño pueblo.

Al igual que en la obra del escritor vigués, los episodios de la segunda temporada abren también con citas de la *Divina Comedia*. En esta parte, la trama ya no se sitúa en la rural Murias, sino en la ciudad de Lugo, como advierten los planos generales de los exteriores, donde se ubica la comandancia de la Guardia Civil, además de en la histórica villa de Monforte de Lemos y en las bellas y turísticas estampas de la Ribeira Sacra (la Diputación de Lugo colaboró, a modo de proyección turística, con la producción de la segunda temporada). La historia da un salto respecto a la primera, incluida la transformación de la identidad de la agente, que será ahora Eva Mayo (este cambio queda explicado en el último capítulo de la primera temporada), obedeciendo a planteamientos más convencionales del género negro, incluso con características del cine *gore*. Se asume desde el inicio la red de prostitución, secuestros y explotación, con altas dosis de sadismo y violencia.

En la elaboración del suspense y el enigma tienen una función importante las máscaras, que acrecienta el satanismo de las prácticas sexuales y la erotización de la mujer. Simboliza, además, el delgado hilo que separa lo aceptable socialmente de la putrefacción más absoluta. Entre la ocultación de la identidad del autor de los primeros asesinatos, cooperantes de la banda cruelmente ejecutados, se introduce la duda acerca de si resultan ajusticiados por parte de la trama mafiosa para garantizar el silencio o si es un ajuste de cuentas de Eva Mayo, en los momentos de amnesia que su esquizofrenia le produce. Se introduce, de nuevo, la perspectiva intrigante del doble y la transmutación de la personalidad, cultivada en los clásicos de Frankenstein o el Doctor Jekyll/Mr. Hyde.

Las máscaras protagonizan la escena final, una tenebrosa ceremonia, con tintes sacrificiales, mezcla de baile de disfraces y orgía. Concluye con un contundente alegato feminista de Eva Mayo, reforzando el mensaje político, ya presente en la primera temporada, pero tal vez menos explícito.

La Ribeira Sacra y sus estampas más plásticas también aparecen en la serie de televisión de Netflix *El desorden que dejas* (Montero, 2020), producción propia de la plataforma. A diferencia de *O sabor das margaridas*, está rodada en castellano y el reparto principal está formado por actores no gallegos. Carlos Montero adaptó y creó esta serie a partir de su propia novela homónima, ambientada en su pueblo natal, Celanova. Este lugar de la provincia de Ourense y las cercanas termas de Bande son los escenarios principales de la historia, caracterizada también por los bosques húmedos y la niebla. Encaja en el thriller negro, que se desarrolla a través de los descubrimientos de Raquel, una joven profesora que llega para trabajar en el instituto de la localidad de la que es natural su marido (en el último episodio veremos que también es la escritora de la historia). Empieza a enterarse de la extraña muerte de Viruca, la compañera que la había precedido como profesora de literatura. Se siente cada vez más un verso suelto y la rodea la desconfianza en el pueblo, que al parecer se rige por la ley del silencio, aspecto que, como hemos visto, es estructural en la construcción del suspense y el enigma de las producciones descritas. Las investigaciones de Raquel no abren solo paso al esclarecimiento del crimen —supuesto suicidio— sino que también de comportamientos delictivos y aberrantes. Es verdad que la correlación entre ficción y realidad, en este caso y en general sobre alguno de los productos que constituyen este formato —tentados por exigencias *mainstream*—, no parece muy verosímil, a tenor de la disparidad entre los hiperbólicos delitos y los exiguos índices de criminalidad de Galicia. En ocasiones se percibe una apropiación acrítica de modelos funcionales en otros contextos, pero poco creíbles en las comunidades en que se ambientan. Quizás porque este "rainy corner" se muestra demasiado tentador para acomodar narraciones misteriosas y de suspense.

Estas cinco series evidencian, en todo caso, la eficacia de la transmisión del enigma literario de la "habitación cerrada" a la ficción televisiva, para lo que se valen de esquemas narrativos que entrelazan específicos códigos temáticos y cartográficos.

Si la ficción negra, literaria o audiovisual, es la crónica social de nuestros días, los ejemplos señalados —exageraciones al margen— responden a este patrón y modelo, adaptado, en estos casos, al escenario *country*. El enigma es el reclamo argumental para abrirse a públicos internacionales, confeccionar narraciones que estimulan la intriga del espectador y trascender el crimen individual para presentar un retrato negro y desgarrado de territorios, donde habita el horror o donde migra para irrumpir en las apacibles comunidades en que anida.

Al fin y al cabo, la aldea más minúscula puede portar historias de excepcional interés para un público de radio global e intercultural.

La ficción distópica

4.1 Fragmento y fractal en *Black mirror*
La era digital: distopías rizomáticas

> Los folletines de Charles Dickens alcanzaron un éxito tan enorme en América que una muchedumbre esperaba en los puertos la llegada de los barcos de Inglaterra para hacerse con el nuevo capítulo de *David Copperfield* o *La pequeña Dorrit*, novelas que se publicaban por entregas en la prensa. Eso sí, el gran narrador británico estaba furioso con sus lectores del otro lado del Atlántico porque el pirateo estaba a la orden del día: muchos de sus libros se publicaban sin permiso. De hecho, fue uno de los primeros defensores de los derechos de autor modernos. Ha pasado un siglo y medio desde entonces, pero no parece que las cosas hayan cambiado mucho. Eso sí, las novelas han sido reemplazadas por series, que contribuyen a construir nuestra percepción del mundo desde la ficción, como lo hicieron los relatos de Dickens. (*El País*, 2018, p. 10)

El último rizoma literario-televisivo que analizaremos alcanza a dos formatos, en su modalidad audiovisual y literaria, que tienen una estrecha relación con la *red*, en virtud del comportamiento fractal, que tendrá un notable protagonismo en estas ficciones enredadas. Ambos formatos circularán por la autopista digital —que también representarán—, acelerando las prácticas de intercambio cultural —piratería incluida— que se atisbaban ya en el embrionario mundo global del XIX.

Me refiero a la posmoderna minificción literaria[68] y a las series televisivas de asunto distópico, en concreto la que ha alcanzado una mayor popularidad

---

[68] Me apoyaré en el corpus de la base de datos *Microrrelato y antología* (Núñez Sabarís, sf), constituido por los textos de seis antologías de microrrelato publicadas en editoriales

y legitimidad de todas ellas, la británica *Black mirror* (Brooker, 2011), dado que compartirán estrategias discursivas y temáticas. Se focalizará el análisis sobre los modelos repertoriales que narran un universo futurista marcado por lo virtual, la hiperconectividad y las distorsiones que genera la sociedad del espectáculo y la exhibición permanente.

Si en los capítulos anteriores hacíamos pie en cartografías localizables, en el presente estarán marcadas por el no-lugar, que en vez de señalar un horizonte deseable, nos anuncia territorios post-apocalípticos, como profecía del colapso en este capitalismo tardío y manierista.

Si la ficción serial de alcance global es, como hemos señalado en el primer capítulo, el resultado de nuevas formas de producción originadas en la era digital, que ha modificado sustancialmente la forma de producirlas y consumirlas, la literatura tampoco ha sido ajena a esta transformación. La emergencia de la minificción ha estado estrechamente ligada a las posibilidades de divulgación que ofrecía la red. Su notable crecimiento, a partir de los años noventa, se explica en gran medida por el desarrollo de las nuevas tecnologías y la popularización de internet, resultando un género genuinamente intermedial (Navarro Romero, 2014, p. 2): "ha habido un florecimiento de las narrativas transmediáticas que ha situado al microrrelato en un lugar privilegiado dentro de los soportes tecnológicos. Dentro del nuevo arte narrativo que supone la era digital, el microrrelato es el género idóneo para la cibercultura y su presencia es predominante en foros, blogs, revistas digitales y páginas web de literatura". Por lo tanto, las micronarrativas encajan perfectamente en internet y potencian su significado con la inclusión de audios, videos, imágenes o enlaces (Carrillo Martín, 2018, p. 126).[69] Esta interrelación originó un producto de carácter abierto, multimedial e hipertextual en el que el internauta era, a su vez, lector, co-autor y productor de sentido:

---

españolas en el siglo XXI, y en los estudios específicos Núñez Sabarís (2013 y 2017) y Núñez Sabarís y Ribeiro (2020).

[69] Los monográficos coordinados por Calvo Revilla (2019) y Calvo Revilla y Arias Urrutia (2021) recogen las prácticas hipermediales de la minificción, por un lado, y las narrativas rizomáticas y experimentales, por otro.

Asimismo, al activar los hiperenlaces, y actualizar continuamente la relación intra-textual (opciones de interactividad electrónica), el lector se convierte en parte de un inacabable proceso creativo *online*, en especial esa obsesión de ir explorando nuevas interacciones texto/paratexto o texto/imagen/sonido que viene a resaltar, sobre-manera, la condición transgenérica del microrrelato. (Álamo Felices, 2018, p. 35)

La canonización de la literatura producida en la red, a través del libro, se percibe en la incorporación antológica de textos publicados originariamente en blogs o revistas digitales. En el caso de la minificción, se verifica la fre-cuencia de las publicaciones digitales como fuente original de la creación minicuentística, ya que muchos de los microrrelatos tienen su origen en el espacio virtual, antes de pasar a la imprenta (Núñez Sabarís, 2017, p. 84).

Las mayores posibilidades de alfabetización y consumo multimodal que propiciaron las diversas plataformas y dispositivos de diferente soporte fueron igualmente determinantes en la divulgación de la ficción televisiva. En su éxito y proyección masiva, la hiperconectividad haría superar las limitaciones de tiempo y espacio de la visión analógica tradicional del medio. La distribución digital posibilitaría un alcance global, expandiendo notablemente la recep-ción del producto y alterando la relación entre el medio y el consumidor. El visionado asíncrono y globalizado modificó sustancialmente la distribución de las series y los canales activaron dispositivos de grabación y, posteriormente, de proyección en *streaming*, tal como hemos explicado en el primer capítulo.

La literatura en la red y la ficción televisiva son, por lo tanto, dos exce-lentes manifestaciones de la *ligereza* de la época actual, que nutre cada vez más nuestro mundo material y cultural y "ha invadido nuestras prácticas cotidianas y remodelado nuestro imaginario" (Lipovetsky, 2016). La revolu-ción digital y el impacto de la generalización de los dispositivos ultraleves (tabletas, teléfonos inteligentes o televisores interactivos) han modificación, consecuentemente, nuestros hábitos de ocio y marcado notablemente el desarrollo de la producción artística actual.

Los microrrelatos y los capítulos de *Black mirror* que analizaremos son una evidente manifestación del *Zeitgeist*, del espíritu de esta época (Lagma-novich 2005, p. 15), en la medida que describen —y parodian— este universo digital. El escenario de los ejemplos que veremos no se sitúa en un entorno futurista, sino de un presente modificado (Díaz Gandasegui 2014, p. 587). Como señala Echauri-Soto (2016, p. 887), a propósito de la serie, estamos ante una actualización en televisión "del género conocido como *brit-grit*, una corriente británica con énfasis en el realismo social", como una suerte de costumbrismo distópico. La porosidad de la frontera entre realidad y ficción, la opción por una narración fragmentada o discontinua o la irrupción de tramas argumentales que ya no se apoyan en la progresión lógica de la historia son las principales claves del relato posmoderno, verificables, en consecuencia, tanto en los textos literarios seleccionados, como en los episodios de la serie de Charlie Brooker que nos servirá de comparación.

El carácter excéntrico de la minificción, forjado en los márgenes del campo literario, invita al tratamiento satírico e irónico, cuando no humorístico, de las preocupaciones que asolan al ser humano en este ya importante trecho que llevamos del siglo XXI, del que *Black mirror* ha hecho una singular, original y rompedora bandera. Esta serie británica, transitando a velocidad de crucero por la plataforma digital Netflix,[70] ha supuesto una importante renovación de los repertorios de la ficción televisiva, suponiendo también una legitimación de determinados modelos, que pasaron a expandirse en las narrativas audiovisuales.

Resulta, en ese sentido, llamativo que la primera producción serial de habla no inglesa de la plataforma en *streaming* fuese la brasileña *3%* (Aguilera, 2016). Esta ficción se apoya en el exitoso modelo de *Black mirror* para ofrecer una acerada crítica de la realidad social latinoamericana, a partir de un escenario futurista. Supone, por cierto, una atrevida propuesta, en la media que rectifica los repertorios dominantes en la proyección y exportación que nos ha legado recientemente el audiovisual brasileño. Frente a la acogida masiva de la audiencia de productos cinematográficos (*Cidade Deus*, *Tropa de elite*, *Estação Central do Brasil…*) que repetían patrones idénticos (violencia, favela, exclusión) que respondían a un cierto voyeurismo de la pobreza,[71] *3%* optaba por una atmósfera diferente. La serie creada por Aguilera (2016) retrata el fin de la utopía y el colapso de las democracias actuales, con una narración que concilia la dimensión comercial con una fuerte denuncia ideológica. La trama aborda los tiempos actuales de inestabilidad política, motivados por la incertidumbre de encontrar un horizonte

---

[70] Las dos primeras temporadas fueron transmitidas por la cadena británica Channel 4. Posteriormente fue comprada por Netflix que se responsabilizó de la emisión a partir de la tercera.

[71] Tendencia acuñada como pornomiseria, sobre la que reaccionaron diversos cineastas latinoamericanos. Vid. Khan (2019).

de bienestar sostenible y universal. La sociedad del *3 %* está marcada por la globalización imparable, los excesos de la digitalización poshumana y la ruptura del pacto entre la ciudadanía y la representación política. El título de la serie hace referencia al pequeño porcentaje de jóvenes que consiguen superar el proceso de selección que les proporcionará un excelso nivel de vida. A los veinte años tendrán la oportunidad de dejar atrás una sociedad miserable y necesitada —quizás la anticipación de la excesiva masificación contemporánea— para poder acceder a la tierra prometida, el *Maralto*, la isla a la que solo los elegidos tendrán acceso. La caracterización hiperbólica y expresionista de los pueblos del *continente*, los que están fuera del 3 %, con sus ropas harapientas, de colorido extravagante, expresa una especie de extramuros medieval. La eugenesia del *proceso* selectivo, la brutalidad del concurso y la competencia de los participantes en el mismo (ecos de Golding y *El señor de las moscas*) suponen, en el escenario distópico descrito, una crítica inequívoca al individualismo extremo y a la ausencia de un discurso socialmente cohesionado, que solo ofrece esperanza —ilusión, sería más correcto decir— a una mínima parte de los ciudadanos que se convierten en sujetos sumisos del proceso. Existe, no obstante, una *resistencia* clandestina que lucha para garantizar que los derechos, que solo disfruta el 3 % de los ciudadanos, lleguen a toda la población.

Black mirror hiperboliza también la incidencia tecnológica para descubrirnos un mundo desasosegadoramente virtual. Incorpora formas narrativas y figuras reconocibles en las monstruosidades y mundos insólitos de la literatura actual. Este universo de ficción presenta un espejo negro —parafraseando el título— que nos devuelve una imagen que refleja los excesos que la hegemonía digital está provocando en lo más íntimo de nuestros modos de vida, en la vulnerabilidad de nuestra privacidad e intimidad o, en definitiva, en todo aquello que definía hasta hace poco nuestra condición humana y los mecanismos de interacción social. Los diferentes capítulos muestran un mundo acelerado por las máquinas, ofreciendo un horizonte distópico, que, sin embargo, ya se toca con las manos.

Como se ha señalado, la originalidad de esta ficción televisiva radicaba en la incorporación de asuntos y mecanismos narrativos poco habituales en el medio, aunque recurrentes en las narrativas literarias contemporáneas.

Si nos guiamos por las frecuencias temáticas del microrrelato veremos que hay una enorme coincidencia con los asuntos abordados en la serie:[72]

Figura 4. Nube temática de la minificción.
Fuente: elaboración propia.

La preferencia por lo fantástico, la impugnación de los límites de lo humano, en la frontera con lo animal o la máquina, la ruptura de las convenciones espaciotemporales, motivadas por una memoria, que funciona como un cuestionamiento inestable de una identidad objetiva o empírica, son elementos que se repiten en la minificción actual y, en general, en la literatura posmoderna.

Esta noción de fantástico no persigue, sin embargo, una representación evasiva que cultive los tópicos de lo gótico, lo sobrenatural o lo maravilloso, aunque se apropie de ellos. Este costumbrismo distópico busca "difuminar esos límites que hemos construido para acotar lo que creemos real" (Roas y Casas, 2016, p. 19). La complejidad compositiva y los juegos metaficcionales apuntalan la noción de la ficción como un artefacto, que cuestiona la propia idea de ficción y, en consecuencia, impugna "la idea de un mundo racional y estable (…) lo fantástico revela la complejidad de lo real y nuestra incapacidad para comprenderlo y explicarlo" (Roas, 2016).

Los propósitos narrativos para reflejar esta realidad virtual, post-humana y líquida se asemejan, por lo tanto, a los que perseguían las novelas de Dickens. En ambos casos, eran y son productos de la sociedad de su tiempo, a la que terminan retratando, a través de productos artísticos masivos y enormemente popularizados.

---

[72] Nube extraída de Núñez Sabarís (2017, p. 91), a partir de la categorización temática de 1.258 microrrelatos, procedentes de las seis antologías analizadas en el artículo.

Nuevas narrativas: fractales, hipermediales, discontinuas...

La irrupción del microrrelato en el presente siglo resulta, pues, indisociable de las transformaciones en la narrativa contemporánea y su preferencia por relatos caracterizados por la discontinuidad o la hibridación genérica. Esta pauta irá cristalizando en la minificción, que para Zavala (2004, p. 6) se constituye como el género de referencia de las últimas décadas. Novelas fragmentadas o relatos hiperbreves seriados configuran una nueva canonicidad y una forma alternativa de escribir y leer.

A su vez, las series de televisión, en su revolución compositiva, tampoco han sido impermeables a los nuevos modos narrativos. Guarinos (2009, p. 36) ha señalado, a propósito de la ficción audiovisual, cómo la idea de fragmento y la narración hiperbreve ha modificado los patrones estéticos y receptivos de los telespectadores y que "afecta de lleno a todos los relatos audiovisuales y ha calado hondo en la recepción del espectador. La llegada de la web 2.0 también ha revolucionado la pasión por la microforma (no hablamos de calidades). El gusto por el fragmento, por la lectura rápida con sentido completo en pocos minutos, está tan acorde a nuestros tiempos como para hacer incluso que los espectadores realicen sus propias versiones de casi todo".

Como hemos visto en los capítulos precedentes, la renovada ficción serial viene acompañada de los trazos de la nueva narrativa. Pensemos, por ejemplo, que, en la actualidad, es la televisión el medio que quizás más practica las adaptaciones literarias: *El tiempo entre costuras*, *Crematorio* o *Patria* son evidentes ejemplos. Los nuevos y muy valorados creadores televisivos, los *showrunners*, encuentran en la literatura, ya de manera explícita o implícita, la inspiración para crear narraciones de alta calidad, apropiándose de referentes estéticos y estrategias intertextuales que son reconocibles para los espectadores que se incorporan a la edad dorada de la televisión.

El inicio del capítulo de la cuarta temporada de *Black mirror*, "Metalhead" (Slade y Brooker, 2017) es una buena muestra de ello. Sitúa al espectador culto en una sutil referencia intertextual que añadirá sentido a la historia: unos perros artificiales han impuesto una despiadada y cruel dictadura tecnológica. La alusión a la igualitaria sociedad dominada anteriormente por los cerdos, y sometida ahora al implacable dominio de los canes mecanizados y autonomizados de cualquier acción humana, es un inequívoco guiño a *Rebelión en la granja* de Orwell. El carácter expansivo e hipotextual de la literatura funciona como anclaje del palimpsesto mediático e híbrido de la masiva cultura actual, potenciando una singular convergencia entre las industrias creativas y culturales con las industrias del ocio, como hemos señalado.

En consecuencia, si el lector actual encaja bien la narrativa discontinua e hipermedial que le ofrece la minificción y la literatura posmoderna, con itinerarios que él mismo puede construir, las series televisivas también han asimilado diferentes ritmos de visionado y consumo (la temporada se ofrece al completo desde el inicio). Asimismo, si la red, a través de Instagram o Facebook, se convierte en el laboratorio creativo del escritor, en el que calibra la acogida de sus relatos, la recepción y actividad mediática de la audiencia televisiva también han incidido en la dimensión creativa audiovisual, influyendo en los guiones, o creando productos transmediales alternativos. Cabe señalar, a este respecto, que muchos de los tráileres de *Black mirror*, disponibles en el canal Youtube, son elaborados por sus propios fans. A este propósito, Ryan (2016), enfatizando también el papel pionero que Jenkins (vid. Jenkins, Ford y Green, 2015) tuvo en la descripción de las narrativas transmedia, destaca la contribución de los seguidores en una doble dimensión: "una creativa, que se manifiesta en la ficción de los fans, las remezclas, las películas amateur y la participación en eventos de cosplay; y otra crítica, que se manifiesta en los grupos de debate en línea y en los comentarios en Amazon. Ambas formas demuestran el poder de las historias y de sus mundos para formar comunidades."

La quinta temporada de *Black mirror* lleva, de hecho, al extremo la participación del espectador con técnicas inmersivas, siguiendo una práctica materializada anteriormente en la literatura. Como una actualización de *Rayuela* o plasmando la idea de los relatos juveniles, *Elige tu propia aventura*, el capítulo "Bandersnatch" (Slade y Brooker, 2018) idea una narración interactiva, en la que los espectadores deciden los rumbos de la historia entre posibilidades binarias. La trama en bucle nos lleva a idénticos puntos de partida y llegada, de manera infinita, como una plasmación borgesiana del relato inacabable.

La metaficción en que se apoya —la creación de una narración para un videojuego de los 80— refleja y cuestiona —de una forma trágica, siguiendo el tono de la serie— el impacto de la sociedad digital (inasible, fragmentaria, virtual) en la que nos encontramos.

La multiplicidad de lenguajes e hibridación semiótica de la cultura digital ha supuesto, en consecuencia, una mayor democratización y popularización de los nuevos cánones estéticos, caracterizados por narraciones que rompían la progresión lineal de la historia, se estructuraban en múltiples secuencias mínimas o rompían la convencional división entre realidad y ficción. Resultaba, no obstante, la convergencia de un proceso que se venía verificando en la ficción contemporánea, de la que el microrrelato actual es deudor. En los paralelismos que Gelz (2010, p. 110) halla entre la eclosión del microrrelato y los procesos experimentales de la novela, señala la supresión de la cronología y la causalidad, la irrupción de fragmentos narrativos más allá de toda lógica narrativa tradicional y la dimensión metatextual de la historia. Este aspecto encajaría con el golpe al principio de unidad, en el que Noguerol (2010, p. 91) sitúa uno de los trazos posmodernos del microrrelato, verificables, también, en casi todos los episodios de *Black mirror*.

La nueva canonicidad artística (Zavala, 2004, p. 6) que se había impuesto en la novela o en el cine, se caracterizaba, por lo tanto, por narraciones discontinuas y poliédricas, que exigían la necesaria cooperación del lector/espectador para su recomposición diegética y de significado. Desde la segunda mitad del siglo pasado, *La colmena* o *Rayuela* marcaron la pauta de una forma experimental de narrar, que se haría convencional para los consumidores actuales, como consagran *bestseller* como *Patria*, de Fernando Aramburu, o *2666*, de Roberto Bolaño. En el cine, *Amores perros*, *Cidade de Deus* o *Babelia*, entre otros, exploraban estrategias narrativas idénticas. La ficción televisiva sería la última en incorporarse, contraviniendo la diégesis plana y lineal, que había imperado en el medio, condicionado por las continuas pausas publicitarias y las interrupciones semanales entre capítulo y capítulo.

La minificción, como expresión de una era que se dirige a lo leve, lo nano o lo ligero, mostraba, pues, una estructura hiperbreve y elíptica, que suponía una hipertrofia de los mecanismos característicos de la narrativa contemporánea. Su impacto cultural motivó que permeabilizase en los géneros más extensos, debido a su carácter discontinuo. La estética elusiva del microrrelato propicia estrategias que juegan con la elasticidad temporal de la historia, llevando hasta el extremo diferentes planos temporales y propiciando un texto ambiguo y abierto. El microrrelato "Esos ojos", de García Avilés, es una buena muestra de ello al entreverar diferentes enunciadores y puntos de vista, superponiendo presente y pasado.

Esos ojos

La abuela se levantó y fue a buscar unas cuantas patatas más. Comencé a pelar con menos prisa las que le quedaban. Escuché el crujido de unos pasos en la grava y pensé que era la abuela. De repente apareció en el umbral. Me levanté. Nos quedamos mirándonos sin decirnos una sola palabra. Tan sólo clavábamos la vista el uno en el otro. Él veía a una adolescente desconocida que tenía el cabello y la nariz de mi madre. Yo veía a un hombre desconocido y envejecido, con grandes bolsas bajo los ojos. Era una versión decrepita del joven con uniforme militar que la abuela guardaba en un estante del salón. Pero en medio de aquella cara encontré unos ojos castaños como los míos. Y supe que nos quedaba el resto de nuestra vida para hablar. (Andres-Suárez, 2012, p. 439)

Black mirror, como la minificción, incorpora igualmente la narración elíptica e introduce la dinámica entre lo virtual y lo real para alterar los niveles diegéticos y jugar con las expectativas de la audiencia. Si el microrrelato se va a apoyar en la memoria, lo onírico o lo fantástico para romper la racionalidad y el empirismo cronológico, *Black mirror* comprometerá igualmente las reglas espaciotemporales, a partir de los universos alternativos que incorpora. La cuarta temporada de la serie abría con el capítulo "USS Callister" (Haynes y Brooker y Bridges, 2017) en el que las referencias intertextuales a *Star Treck* introducían una narración que presentaba dos realidades superpuestas, que terminarán encontrándose: la de la vida laboral en la oficina y la digital, en la que el creador de videojuegos Robert Dalyel, utilizando restos de ADN de sus compañeros, construía un mundo paralelo que se llevaba a cabo en un videojuego, en el que vengaba sus frustraciones del día a día. Al final, ambos planos confluyen de forma trágica, acentuando el tono de la serie y su mensaje sobre el impacto de la tecnología cuántica en nuestra cotidianeidad.

La recurrencia a estos mecanismos en varios capítulos contribuye a crear una lógica temática y estética que se proyecta sobre el conjunto de la serie. Ofrece, consecuentemente, un comportamiento fractal (unidad narrativa que cobra sentido en el conjunto al que pertenece), tal como lo ha definido Zavala (2004, p. 19), otorgando un carácter orgánico a *Black mirror*, dentro de su funcionamiento antológico y la independencia argumental de cada uno de los capítulos.[73]

---

[73] Se entiende por *antología*, la serie cuyos episodios presentan historias, personajes y argumentos independientes en cada uno de ellos.

En "Playtest" (Trachtenberg y Brooker, 2016) los 60 minutos del episodio —si nos abstraemos de las analepsis que viajan al pasado del protagonista— se subsumen en apenas los 4 segundos que la historia tiene en el primer nivel diegético, según el parte que registra el experimento del videojuego en que participa Cooper. Durante ese lapso temporal brevísimo ha tenido lugar, sin embargo, una intensa actividad cerebral del personaje que le ha llevado a experimentar una profunda y atribulada historia de miedos, temores y traumas, que configuran un relato fantástico y de terror gótico, que ocupa la casi totalidad del episodio. Por su parte, en el capítulo "Hang the DJ" (Van Patten y Brooker, 2017) el primer plano diegético se desarrolla en los escasos segundos —según verificamos al final de la historia— que tarda la aplicación de contactos en verificar las compatibilidades de los dos personajes que buscan una relación amorosa. En ese corto lapso de tiempo, en virtud de la rapidez algorítmica, se han realizado numerosas simulaciones sobre los gustos personales y eróticos de ambos, que, sin embargo, ha completado prácticamente todo el capítulo. De hecho, solo al final el espectador sabrá que lo ocurrido se ha desarrollado únicamente en el espacio virtual y no real, modificando las expectativas generadas y obligando a una reinterpretación de la historia. Este recurso resulta, por cierto, muy frecuente en la narrativa breve literaria que obliga a repensar las interpretaciones, en virtud de los desenlaces sorprendentes o sorpresivos.

Por último, en "San Junípero" (Harris y Brooker, 2016), se aborda el romance de dos mujeres, que transita de un pasado gozoso a un presente decrépito. Dos ancianas —una con parálisis cerebral— reviven su pasión de juventud, que, sin embargo, es tan intensa como inmaterial, ya que obedece a la simulación que permite un implante cerebral, posibilitando operar sobre las emociones de las personas y experimentar realidades virtuales. Volveremos luego sobre este episodio.

La superposición del plano físico y virtual es una estrategia frecuentemente explorada por el microrrelato. El texto "RIP en RED", de Raúl Sánchez Quiles, publicado inicialmente en su blog *Hiperbreves S.A.*[74], y posteriormente en un libro homónimo (Sánchez Quiles, 2010), se recoge en la antología de Valls (2012, p. 299). En él también se conjuga, de forma irónica e hiperbólica, la superposición de ambas esferas en la construcción de la identidad del individuo, arrebatada por su presencia en la red:

[74] Disponible en http://hiperbreve.blogspot.com/

RIP EN RED

La noche se convirtió en día y el día en noche, los minutos se empastaron con las horas y el tiempo se detuvo. Frente a la pantalla, fuiste perdiendo fuerza hasta que no pudiste comer ni levantarte. Te lo hacías todo encima y encima del teclado dormías. No hizo falta que tu cuerpo desprendiera el olor de la putrefacción, los bomberos echaron la puerta abajo exactamente al tercer día de tu muerte. Nadie te echó físicamente de menos, pero 1.000 personas se temieron lo peor cuando tu magnífico blog dejó de actualizarse. (Valls, 2012, p. 299)

Universos post-apocalípticos y representaciones post-humanas

El microrrelato anterior introduce un aspecto que ha marcado notablemente los contenidos de las nuevas narrativas: la representación y distorsión de la identidad en este contexto post-industrial y digital, que nos conduce, a menudo, a una construcción post-humana.[75] Advertimos una corriente de complicidad que explora esta interacción entre lo humano y lo virtual, lo costumbrista y lo tecnológico, lo kitsch televisivo y el vanguardismo audiovisual, para llevarnos a un terreno que cuestiona la ontología del ser humano, su visión cósmica o su sentido relacional. Temáticas que no parecen ajenas a los contenidos de *Black mirror*:

Esta suerte de reflejo en negativo que plantea la serie desde el primer momento y de manera constante, abre las puertas a su dimensión autorreferencial sobre la conformación de las identidades sociales en nuestra hipermodernidad, generando para el espectador contemporáneo un cruce de miradas entre la experiencia de nuestro presente y lo que se plantea como un futuro a todas luces presumiblemente cercano, donde esa identidad va a experimentar un proceso de construcción hiperbólica a través de su circulación incesante por múltiples pantallas e interfaces; y ello tanto por lo que afecta a la percepción de la propia individualidad como a las dinámicas colectivas de interacción social. (Díaz, 2017, p. 258)

Las distorsiones que presentaremos a continuación llevan al extremo categorías que se van forjando, desde tiempo atrás, en el horizonte de expectativas del lector. Por ejemplo, *La metamorfosis* de Kafka, obra ampliamente intertextualizada en el repertorio de la minificción, explora radicalmente los límites de la

---

[75] En Núñez Sabarís (2018) analizo las técnicas de representación mínima del personaje en el microrrelato, a partir de tres estrategias: elipsis, deformidad y dualidad.

condición humana y su deriva hacia la animalización. Este cuestionamiento, que refleja la progresiva deshumanización, fue también abordado por el futurismo vanguardista, a partir de la mecanización del sujeto y su conversión en marionetas o máquinas, como expresión de la mengua existencial del hombre en un mundo fuertemente industrializado. La transformación de un universo pautado por la revolución industrial a otro marcado por la expansión tecnológica trae consigo la hipertrofia post-humana del individuo. Esta mutación se expresa, por ejemplo, en la reproductibilidad del yo, a partir de intervenciones genéticas, su conversión en avatares que transitan en universos paralelos o digitalizados o su hiper-individualismo, que, paradójicamente, queda reducido a una variante numérica y algorítmica de las redes sociales.

Varios de los capítulos de la serie nos presentan esta realidad post-apocalíptica, como metáfora de un capitalismo en colapso, debido al extractivismo incesante del yo. "15 Million Merits" (Lyn y Brooker y Huq, 2011) muestra una sociedad anestesiada por los *talent shows* y las redes sociales. Explora el lado perverso de los concursos y el negocio adictivo del voyeurismo televisivo, como única salida a una situación de semi-esclavitud, dominada por los videojuegos y la esfera digital. La simbiosis entre ocio y trabajo y la mercantilización de las capacidades del individuo, sometidas al capricho de un jurado anónimo, pautan las nuevas relaciones sociales y laborales, que ya solo cobran sentido dentro de la gran pantalla. Incluso el discurso antisistema del protagonista, una vez que advierte la monstruosidad del mecanismo, es domesticado dentro del gran *show* televisivo que se propone.

Esa misma tiranía de las redes sociales se presenta en "Nosedive" (Wright y Brooker *et alii*, 2016), capítulo en el cual las posibilidades de interacción y funcionalidad social de un individuo están determinadas por su valoración en las aplicaciones de contactos. El reconocimiento facial permite identificar a la persona y su grado de aceptación, lo que condicionará su capacitación. Un nivel excesivamente disminuido anulará la visibilidad comunitaria del individuo, en términos literales, ya que quedará reducido a una mancha borrosa y pixelada.

Los microrrelatos "RIP en RED", ya señalado o "La web de Marina" (Francisco Rodríguez Criado) o "Telerrealidad" (Juan Gracia Armendáriz) ponen también en evidencia la soledad y la fragilidad del individuo, como consecuencia de una abusiva hiperconectividad y el imperio de la televisiva sociedad del espectáculo:

La web de Marina

Marina tecleó en el formulario de un buscador de Internet: «Estoy sola. Me llamo
Marina. Escríbeme si también te encuentras solo». Por suerte dio con la web de otra
chica que, como ella, también se llamaba Marina. No era la única coincidencia:
la otra Marina también buscaba compañía. Decidió escribirle un correo electrónico. En el apartado Asunto tecleó: «No te preocupes. Nos haremos compañía
mutuamente. Mi nombre es Marina». Y dejó el clic del mensaje en blanco. Todo
estaba dicho ya.

Un minuto después, Marina recibió el correo electrónico que se había enviado
a sí misma. Sonrió y respiró profundamente. Sabía que esa nueva amistad le haría
compañía hasta el fin de sus días. (Andres-Suárez, 2012, p. 370)

Este microrrelato de Francisco Rodríguez Criado satiriza la soledad que
enmascara la conectividad de la red, con un recurso habitual de la narrativa
hiperbreve: el final irónico y abierto para problematizar semánticamente el
relato. Es, además, un ejemplo del comportamiento intermedial que estamos
analizando. El texto formó parte del libro de relatos del autor *Siete minutos*
(Rodríguez Criado) y, posteriormente, lo incorporó a su web *Narrativa breve*,[76] en la que aparecía acompañada de la imagen de un cuadro de Edward
Hopper, que potenciaba el significado del texto, incidiendo en la desolación
existencial del personaje. La conjunción de texto e imagen es una alianza
frecuente en la red, señalando las recurrentes prácticas multimodales de la
literatura hiperbreve y potenciando las capacidades artísticas texto-visuales
(Gómez Trueba, 2018 y Rivas, 2018).

A su vez, "Telerrealidad", de Gracia Armendáriz, publicado inicialmente
en su libro *Cuentos del jíbaro* (Gracia Arméndariz, 2008) y, posteriormente,
integrado en la antología de Valls, señala con sarcasmo los excesos de la
exhibición permanente del *show* televisivo, ya advertidos en los capítulos de
la serie anteriormente citados.

Telerrealidad

Al principio, mi mujer se aficionó a un programa de televisión donde un grupo
de jóvenes convivían encerrados en una casa. Los concursantes eran gente malen-
carada, vulgar, con los labios perforados y los pantalones por debajo del ombligo.
Comían espaguetis sin cerrar la boca, masticaban anacardos, se tiraban pedos,

---

[76] Disponible en https://narrativabreve.com/2013/11/microrrelato-web-marina-rodri-
guez-criado.html

lloraban. El plató disfrazado de la casa era un desecho de excrecencias. Más tarde, se aficionó a un concurso de modelos de pasarela, y luego a otro de bailarines. La secuencia de lloros y sudor continuó. Las tardes de domingo, cuando la cadena ofrecía un resumen de lo acontecido durante la semana, eran un horror. Ahora, su última adicción es un programa donde la gente cuenta sus problemas en pareja. Se dejan filmar las veinticuatro horas del día, incluso en la cama. Después, un psicólogo les ofrece consejos para mejorar su deteriorada convivencia. No supe qué cara poner cuando mi mujer me pidió que nos presentáramos al programa. Era, dijo, la última oportunidad que teníamos para que no nos fuéramos a pique. Nuestras actitudes serían analizadas con detenimiento y profesionalidad. Se lo habían asegurado. Me tendió un contrato. Sólo hacía falta que yo diera mi consentimiento y la casa se transformaría en un plató de televisión. Nos filmarían como a los lémures de *Madagascar*. Sonreí con cansancio infinito, mientras firmaba al pie del contrato. A los pocos días, los técnicos del canal colocaron microcámaras en el cepillo de dientes, en la alcachofa de la ducha, en el despertador. Desde entonces, ella es feliz. Se maquilla, sonríe como cuando éramos novios, viste ropa atrevida y por las noches hacemos el amor debajo de las mantas. (Valls, 2012, p. 154)

La invasión de la privacidad, el agotamiento de las relaciones amorosas o de pareja y el sometimiento a los caprichos de la audiencia son aquí satirizados, si bien de una forma menos dramática que en "15 Million Merits" (Lyn y Brooker y Huq, 2011). En ambos casos se cuestiona el sometimiento del individuo y sus vínculos afectivos y sociales a la hipertrofia de la aldea global contemporánea, que extiende sus tentáculos hasta los rincones más insospechados de la intimidad humana.

Dentro de los mundos apocalípticos que *Black mirror* plantea, el último episodio de la tercera temporada, "Hated in the nation" (Hawes y Brooker, 2016), aborda cómo las redes sociales ponen en el disparadero, de forma dramática, a personas que terminan muriendo en circunstancias atroces. El capítulo retoma los aspectos formales de la investigación policial para descubrir el espantoso *modus operandi* de los crímenes. Unas avispas mecánicas, ideadas, en primera instancia, para suplir las carencias que el cambio climático ha traído, pero pensadas y utilizadas, posteriormente, por el sistema gubernamental como un mecanismo de vigilancia y control de la ciudadanía, quedan en manos psicópatas para convertirse en ejércitos de destrucción masiva. Con ecos de *Los pájaros* de Hitchcock, evidenciando la pulsión intertextual ya señalada, relata una sociedad en que los avances tecnológicos pueden estar al servicio de maléficas y anónimas dictaduras.

Más desasosegante es, incluso, el capítulo "Headmetal" (Slade y Brooker, 2017), anteriormente mencionado. En un contexto devastado, en blanco y negro, unos perros mecánicos de propósitos exterminadores han convertido la tierra en un páramo. Lo más sobrecogedor, en este caso, es que, a diferencia de "Hated in the nation", se desconoce quien ha creado estos artefactos de condición animal, que parecen ausentes de cualquier gobierno humano. Las alusiones a este capítulo se retoman en la quinta temporada, a través del póster que aparece en diferentes estancias, señalando una intratextualidad, que ya había sido practicada en "Black Museum" (McCarthy y Brooker, 2017) —el último capítulo de la cuarta temporada— con episódicas referencias a capítulos anteriores. Estas interrelaciones potencian la fractalidad de la creación de Brooker, reforzando la sensación de un universo reconocible, más allá de las episódicas tramas. Asimismo, son un indicador del comportamiento de las narrativas transmediales, que tienden a derivar el protagonismo de los relatos hacia las constelaciones de ficción, o lo que es lo mismo el tránsito de las *transmedia storytelling* hacia los *transmedial worlds* (Albadalejo Ortega y Sánchez Martínez, 2019, p. 27).[77]

Dentro de los capítulos más abiertamente políticos, "Men against fire" (Verbruggen y Brooker, 2016) es una dramática metáfora de la deshumanización bélica. Aborda un conflicto en que es necesario exterminar una nociva y monstruosa estirpe humana, a la que denominan cucarachas. A medida que avanza el episodio y el soldado que focaliza la acción sufre una interferencia en el filtro óptico que le han implantado, descubriremos que esos terribles personajes, mitad humanos, mitad alimañas son inofensivas personas que se defienden para preservar su supervivencia. Una reprogramación educativa y cognitiva del protagonista corta toda la posibilidad de revertir la maniquea y despiadada acción militar en que participa.

Los dramáticos e inhumanos acontecimientos militares con que termina este primer cuarto de siglo han evidenciado, tristemente, que esta distopía del 2016 ha derivado en un obsceno realismo.

En "Hang DJ" (Van Patten y Brooker, 2017), ya mencionado, en una propuesta narrativa bastante convencional —un plano diegético integrado en

---

[77] Ryan (2016) efectúa un repaso crítico acerca de las *narrativas transmedia*, en la que sintetiza el punto de vista de la industria, los fans y la narratología.

uno marco— las capacidades de ligar y encontrar a la persona idónea quedan condicionadas a algoritmos que van computando nuestras filias, fobias, empatías o incompatibilidades. Como ironizan los protagonistas es una superación de aquellos absurdos tiempos en que había que trabajarse la seducción. Por lo tanto, lo que observamos como espectadores no es la historia de los personajes, sino sus réplicas en la simulación virtual, cuya inteligencia artificial consigue rectificar los errores en que se pueda incurrir en la selección de pareja. El mundo algorítmico como un perfeccionamiento y anulación de nuestras pasiones, emociones y conocimiento intuitivo. El *big data* se presenta, en consecuencia, como una rectificación de la imperfección humana.

Pero la historia más sorprendente tiene lugar en el original primer capítulo de la segunda temporada "Be right back" (Harris y Brooker, 2013). La desolación que Martha siente por la muerte repentina de su novio en un accidente de tráfico va a ser inmediatamente reparada. A partir de una reproducción en silicona se va a reconstruir el cuerpo del difunto que tendrá, cada vez más, apariencia, movilidad y reacciones próximas al comportamiento humano. Asimismo, un chip incorporado, registrará su identidad psicológica a partir de las huellas digitales que había dejado en Facebook y en las demás redes sociales. El luto de Martha durará poco, debido al increíble realismo del avatar.

La profecía de "Be right back" anticipa, no obstante, lo que ya empieza a ser una realidad en nuestros días, en la que muñecos sexuales consiguen reaccionar e interactuar con los gustos de los usuarios. De modo que la construcción post-humana caracteriza las relaciones personales o, directamente, sexuales, abundantemente ficcionalizadas en el microrrelato.

El mundo mecanizado que representan los capítulos anteriores compromete las fronteras de lo humano, aspecto también tratado con frecuencia en la literatura posmoderna. Son numerosos los textos que exploran la condición animalizada, mecanizada o muñequizada del individuo. Sobre todo, en aquellos ámbitos que mejor expresan su comportamiento como tal: las relaciones sentimentales o eróticos.

Esta plasmación de la cosificación corporal entronca con el hilo conductor de los microrrelatos del libro *Casa de geishas* (Shua, 1992). En "Simulacro", Ana María Shua ofrece una desgarradora descripción de la explotación deshumanizada de las prostitutas.

Simulacro

Claro que no es una verdadera Casa y las geishas no son exactamente japonesas; en épocas de crisis se las ve sin kimono trabajando en el puerto y si no se llaman Jade o Flor de Loto, tampoco Mónica o Vanesa son sus nombres verdaderos. A qué escandalizarse entonces de que ni siquiera sean mujeres las que en la supuesta Casa simulan el placer y a veces el amor (pero por más dinero), mientras cumplan con las reglamentaciones sanitarias. A qué escandalizarse de que ni siquiera sean travestis, mientras paguen regularmente sus impuestos, de que ni siquiera tengan ombligo mientras a los clientes no les incomode esa ausencia un poco brutal en sus vientres tan lisos, tan inhumanamente lisos. (Lagmanovich, 2005, p. 262)

En *Casa de geishas*, emplea una distorsión fantástica para mostrar la ruptura de la individualidad, equiparando el cuerpo de las meretrices portuarias con la artificialidad de un juguete sexual. Como en la serie de Charlie Brooker, el espejo partido es una metáfora que asoma en este libro de microrrelatos: "el libro representa y escenifica en una especie de *mise in abîme* a la madama, Shua; a los lectores, voyeurs que miran a través del vidrio-libro, a veces transparente que deja ver a los personajes en su mundo; a veces, espejado" (Di Gerónimo, 2019). Por cierto, que este microrrelato tuvo también un recorrido por diferentes soportes, habiendo sido reproducido, después de su publicación en libro, en varios blogs de literatura. La trayectoria mediática de la minificción no siempre es, como se ha visto, unidireccional (de la red al libro), sino que sigue sus propios caminos, autonomizada de decisiones editoriales.

"Muñecos de playmobil", de María Paz Ruiz Gil, ironiza, a su vez, con la previsibilidad del comportamiento en las relaciones de pareja reducidas a una ritualización que nos convierte en figuras reproducibles, como los populares muñecos infantiles de "Playmobil", característicos por sus inexpresivos rasgos faciales:

Muñecos de Playmobil

Amaneció y ambos se enfrentaron al peso de su matrimonio.

El sexo se había convertido en deporte y la convivencia en un hábito trágico.

Doce años pegados como caracoles, compartiendo sus babas, sus olores, sus manchas conocidas, tan propias de esos sonidos repetitivos, calcados del día anterior. Habituados al espanto de su aliento caliente, al cuerpo del otro, visitado millones de veces, emprendieron un divorcio sin gritos ni copas rotas. Cada uno buscó su liberación. Pronto encontraron otras babas, otras manchas, igual de comunes, igual de sucias, igual de aburridas; porque nadie les dijo que el amor es biología, y todos los alientos son calientes, y todos apestan a lo mismo en la mañana, y todos los cuerpos se excitan con los mismos toques, y todas las parejas cumplen un guion que un desconocido les ha escrito dentro. (Valls, 2012, p. 296)

En ocasiones, la problematización de la identidad se plantea desde una perspectiva más cognitiva. En este sentido, la memoria se convierte en un activo epistemológico que termina por confundir y amalgamar los diferentes yo, agrietando personalidades categorizadas unívocamente. A este respecto, se profundiza en la dimensión del doble o en la bifurcación de la personalidad, mecanismo que ha sido recurrente en la práctica de la literatura fantástica (Roas, 2016).

Ahora bien, si la memoria, lo onírico o todo lo que conforma los arcanos más íntimos de la persona funcionan como un elemento indispensable y a menudo individualizador del yo, el capítulo "The entire history of you" (Weish, Amstrong y Brooker, 2011) presenta una distopía tecnológica que limita la acción reservada y mental de la memoria, mediante su registro y exhibición visual. El episodio está protagonizado por personajes, camino del ciborg, que portan un implante que inscribe todos los recuerdos del individuo. La convivencia social solo podrá ser tal, por lo tanto, a través de un pacto que respete la intimidad y los recuerdos del otro. Violar esta norma y provocar la exposición del pasado oculto de una persona, como un inventario de su biografía al descubierto, ocasionará la invisibilidad del infractor, como una actualización del clásico cervantino sobre la curiosidad castigada. Como el curioso impertinente, Liam será dramáticamente sancionado cuando insiste en verificar si su esposa, Ffion, le fue infiel con su amigo Jonas.

Otra distorsión de la individualidad se produce con su pulverización, a través de la multiplicación del sujeto.[78] Son tiempos en que, paradójicamente, la hiperindividualización viene acompañada de seres que se diversifican. En ocasiones, la persona cristaliza en vidas plurales. "Las vidas de Mario", de Araceli Esteves, expresa esa perspectiva dual o multifocal de la identidad, con esas biografías posibles que han podido ser, con ese final de hipótesis ya irrealizables que es la muerte. El texto, publicado en el blog de la autora *El presente que me espera*[79], viene también acompañado de una imagen que retrata el angustioso sentimiento de Mario por las oportunidades que se evaporaron, justo antes del *blackout*.

---

[78] En Núñez Sabarís (2018) analizo como esta partición del yo, en el microrrelato, en ocasiones es literal, con recursos a lo fantástico. Partes del cuerpo que se segregan, cuerpos que se evaporan, algunos que se multiplican...

[79] Disponible en http://elpasadoquemeespera.blogspot.com/

Las vidas de Mario

En el instante previo a la muerte, Mario se enfrenta al goteo de todos sus descartes, a las oportunidades perdidas. Los que no quiso el azar que él fuera, brotan tras sus ojos cerrados como esporas sopladas por vientos antiguos.

Un Mario que esta vez si toma el tren al que llegó tarde, en el que viajaban una Julia a la que nunca besó y tres años de amor culpable. Un Mario que dice que NO a su padre todas las veces que él le habla de las seis generaciones de médicos que configuran su destino. Hijos que no nacen. Un Mario que es músico y otros que es mendigo, el viajante que estudia solfeo y el terrorista que juega al billar. Burbujas de vidas posibles estallan cada vez más débiles y lejanas. Más raras. Se descosen inocentes decisiones infantiles que escupen posibilidades y determinan senderos.

Hasta que llega la noche en la que su madre no abraza a su padre. Una disputa conyugal tras la que no llega el perdón de la piel y el abandono al infalible lenguaje de los cuerpos.

Y todos los Marios se funden, se entregan a la succión palpitante, al final liberador del fundido al negro. (Valls, 2012, p. 53)

El último minuto, volviendo al título de Neuman que mencionamos en otros capítulos, exige tomarnos en serio el balance definitivo. El instante que precede al fallecimiento es un motivo habitual de la minificción: condenados, suicidas, moribundos constituyen una amplia galería de los relatos hiperbreves. Ese momento agónico, intenso y extraviado —como hemos desarrollado en el caso de Walter White— es experimentado también por el protagonista del noveno "Aguafuerte", serie de Antonio Dafos, que ha viajado, asimismo, entre el libro y la red.

Aguafuertes, IX

Cuando le dijeron que Marcelo G. había muerto y tuvo la certeza de que la noticia era literalmente exacta —al menos según los sentidos que es forzoso emplear cuando tratamos de muerte y comprobación— y de que tampoco se trataba de un caso de confusión de identidades ni de simple homonimia, se vio obligado a asumir que él no había sido nunca Marcelo G., que no lo era. Sintió un indefinible horror o vértigo, pero también cierto alivio porque, pese a todo, tenía apego a la vida.

Pero si al morir Marcelo G. moría toda noción acerca de su identidad quedando él como en otra parte, intacto… ¿Con la desaparición de qué identidad desconocida quedaría él aniquilado? (Valls, 2012, p. 217)

Este texto recupera el clásico literario de observar el propio entierro, para cuestionar el yo que prevalece a la muerte, aspecto que ha tenido una amplia discusión filosófica, artística y retratística, en la medida en que se interroga en qué circunstancias se fija la identidad definitiva. Los capítulos de *Black mirror* recuperan esta cuestión, que ya no está solamente determinada por una biografía convencionalmente lineal, sino que aparece modificada por la realidad virtual que incide directamente sobre ella.

El episodio que mejor representa esta temática en la serie es "San Junípero" (Harris y Brooker), que a través de otro nanodispositivo y tecnológicamente avanzado, posibilita reparar, en el umbral de la muerte, todas las frustraciones, incapacidades acumuladas a lo largo de toda una vida, aunque haya sido prontamente quebrada, como le sucede a una de las protagonistas, en estado vegetativo desde que un accidente de coche truncase su juventud.

Pese a que los inicios de la historia parecen remontarse a un episodio de los ochenta, con ese aire *vintage*, tan habitual en el cine de época, el presente de la narración nos confirma que estamos en el último estertor de la biografía de dos ancianas, una con parálisis cerebral —el accidente de juventud—. Ambas, sin embargo, experimentan, a través de un implante mental que las conecta, la posibilidad de vivir, con sus avatares, la apasionada historia de amor que el infortunio y las convenciones sociales le habían impedido. El pasado reconstruido no es una evocación de la memoria, sino un estímulo virtual de las sensaciones y los deseos.

Esta posibilidad de alterar una biografía, más allá de las experiencias físicas y reales, compromete nuestra individualidad y la posibilidad de que esta pueda seguir rumbos propios post-mortem. Revertiría la consideración de Manguel (2015, p. 143), acerca de nuestro postrero retrato, auténtico, definitivo e inapelable:

> Que sinais nos identificam? Algo que não é a forma do meu corpo nem a minha voz nem o meu toque, nem a minha boca, o meu nariz, os meus olhos —o que eu sou esconde-se à imagem de um pequeno animal medroso, invisível, atrás de uma selva de grilhões físicos. […] Sei que o meu eu reticente existe. Entretanto espero. Talvez a sua presença se confirme um dia, mas só no meu último dia, quando subitamente emergirá dos arbustos, se mostrará de frente por um instante e depois cessará de ser.

"San Junipero" apunta, pues, a una realidad virtual, dinámica, infinita y progresiva que se sobrepondrá a las dudas que formulaba el Marcelo de "Aguafuerte IX", complicando todavía más las respuestas a su trascendental pregunta: "¿Con la desaparición de qué identidad desconocida quedaría él aniquilado?"

Las distopías digitales e identitarias de la minificción y la serie *Black mirror* reflejan y representan, en suma, un universo marcado por el impacto de la tecnología y la realidad virtual. Si el espejo cóncavo valleinclaniano era indispensable para retratar una sociedad que solo podíamos mostrar sistemáticamente deformada, el espejo negro nos devuelve las monstruosidades de nuestro presente virtual e hiperconectado.

Conclusión

Con estas distorsiones post-humanas ponemos remate a este recorrido rizomá-
tico que ha tenido como protagonista a la literatura expandida en la pantalla
global. Las complicidades intermediales señaladas han pretendido poner de
relieve el comportamiento de la ficción televisiva, como marca singular de
la cultura actual, y la eficacia de los estudios intermediales comparados para
describir la complejidad semiótica y narrativa que conlleva. Supone, en ese
sentido, una reivindicación de la relevancia y pertinencia de las humanidades y los estudios literarios para comprender, analizar y clasificar las nuevas
realidades artísticas, culturales y filosóficas e interpretar un universo crecientemente global, digital y transmedial.

Por ello, resulta necesario, igualmente, abordar esta tarea comparatista,
desde una perspectiva intercultural, que contrapese el carácter hegemónico
de determinadas producciones monoculturales y homogeneizadoras que
invaden la autopista digital por la que circulan, con una gran capacidad de
superar barreras geográficas y borrar huellas culturales. Evidenciar préstamos,
analogías, recurrencias y estilos comunes a las diferentes expresiones artísticas
ofrecerá una base importante para ello.

Se parte, pues, de la firme convicción de que la investigación e innovación
científica en el ámbito de las humanidades debe servir, también, para formar
consumidores, que trasciendan el entretenimiento y la banalidad que la fácil
disponibilidad de los productos culturales ocasiona a menudo. Por ello,
sería deseable que los estudios intermediales, como disciplina, se sumasen
a la oferta pedagógica y académica. Así como los avances en literatura comparada superaron el autarquismo literario, que protagonizaba programas

escolares y universitarios, sería conveniente la incorporación de contenidos intermediales al horizonte formativo de los estudiantes presentes y futuros. Ello redundaría en un aprendizaje más crítico, en cuanto a la comprensión, recepción y conocimiento del convergente ecosistema creativo del siglo XXI. El acceso de nuevos medios, y en especial el televisivo, al campo cultural actual ha originado, en definitiva, una nueva canonicidad estética —con sus reduccionismos, excesos y hallazgos—, debido a la pluralidad de soportes, diversificación de lenguajes y un renovado interés por la literatura, a través de sus referencias intertextuales. Las historias que nos han llevado de Albuquerque a la geografía gallega, pasando por los mundos virtuales de las distopías, muestran, en efecto, una excelente factura creativa que se ha apropiado de las técnicas cinematográficas y de la complejidad narrativa de la tradición literaria.

Borges, sin duda, ha llegado a nuestros televisores.

Referencias

Obras literarias, televisivas y cinematográficas citadas

Aguilera, P. (Creador). (2016). *3%* [Serie de televisión]. Boutique Filmes; Netflix.

Amézcua, P., & López, N. (Creadores). (2022). *Operación Marea Negra* [Serie de televisión]. Ficción Producciones; Ukbar Filmes.

Andres-Suárez, I. (Ed.). (2012). *Antología del microrrelato español (1906–2011). El cuarto género narrativo.* Cátedra.

Asorey, T. (Director). (2019). *Fariña. O espectáculo teatral* [Obra de teatro]. Undedez; Ainé Producions; Oqueteño Media.

Avilés, L. (Director). (2022). *Operación Marea Negra: La travesía suicida* [Documental televisivo]. Ficción Producciones.

Blanco, A. (Creador). (2020). *Auga seca* [Serie de televisión]. Televisión de Galicia (TVG); Portocabo; SP Televisão.

Borges, J. L. (1995). *Ficciones.* Alianza; Emecé [1944].

Brancato, C., Newman, E., & Bernard, C. (Creadores). (2015). *Narcos* [Serie de televisión]. Dynamo Producciones; Gaumont International Television.

Brooker, C. (Creador). (2011). *Black Mirror* [Serie de televisión]. Zeppotron; House of Tomorrow; Broke & Bones.

Bustos, L. (2019). *Fariña. A novela gráfica.* Xerais.

Carretero, N. (2018). *Fariña.* Libros del K.O. [2015].

Cervantes, M. de. (1975). *Obras completas I. Don Quijote de la Mancha seguido del Quijote de Avellaneda.* Planeta [1605].

Coira, J. (Creador). (2019). *Hierro* [Serie de televisión]. Movistar+; Portocabo; Atlantique Productions; Arte.

Coira, J., & Araújo, F. (Creadores). (2022). *Rapa* [Serie de televisión]. Movistar+; Portocabo.

Cons, P. (Directora). (2020). *A illa das mentiras* [Película]. Agallas Films; Aleph Cine; ETB; Historias del Tío Luis; INCAA; ICAA; Ibermedia; TVE; CRTVG.

Cortizo, F. (Director). (2012). *O apóstolo* [Película]. Artefacto Producciones.

Costas, L. (2019). *Infamia*. Xerais.

Cuerda, J. L. (Director). (2012). *Todo es silencio* [Película]. Milou Films.

Dubuque, B., & Williams, M. (Creadores). (2017). *Ozark* [Serie de televisión]. Media Rights Capital.

Feijoo, P. (2019). *Un lume azul*. Xerais.

Gabilondo, A. (Director). (2018). *Vivir sin permiso* [Serie de televisión]. Mediaset; Alea Media.

Gracia Armendáriz, J. (2008). *Cuentos del jíbaro*. Demipage.

Guerricaechevarría, J. (Creador). (2024). *Clanes* [Serie de televisión]. Vaca Films.

Harris, O. (Director), & Brooker, C. (Guionista). (2013). Be right back [Episodio de serie de televisión]. En *Black Mirror* (Temporada 2). Zeppotron; House of Tomorrow; Broke & Bones.

Harris, O. (Director), & Brooker, C. (Guionista). (2016). San Junipero [Episodio de serie de televisión]. En *Black Mirror* (Temporada 3). Zeppotron; House of Tomorrow; Broke & Bones.

Hawes, J. (Director), & Brooker, C. (Guionista). (2016). Hated in the nation [Episodio de serie de televisión]. En *Black Mirror* (Temporada 3). Zeppotron; House of Tomorrow; Broke & Bones.

Haynes, T. (Director), & Brooker, C., & Bridges, W. (Guionistas). (2017). USS Callister [Episodio de serie de televisión]. En *Black Mirror* (Temporada 4). Zeppotron; House of Tomorrow; Broke & Bones.

Hoar, P. (Director). (2013). *Shetland* [Serie de televisión]. BBC Scotland.

Jaber Martínez, G. (Creador). (2018). *O sabor das margaridas* [Serie de televisión]. CRTVG.

Lagmanovich, D. (Ed.). (2005). *La otra mirada. Antología del microrrelato hispánico*. Menoscuarto.

López Sández, M. (2015). *O faro escuro*. Galaxia.

Lyn, E. (Director), & Brooker, C., & Huq, K. (Guionistas). (2011). 15 Million Merits [Episodio de serie de televisión]. En *Black Mirror* (Temporada 1). Zeppotron; House of Tomorrow; Broke & Bones.

McCarthy, C. (Director), & Brooker, C. (Guionista). (2017). Black Museum [Episodio de serie de televisión]. En *Black Mirror* (Temporada 4). Zeppotron; House of Tomorrow; Broke & Bones.

Merino, J. M. (2007). *La glorieta de los fugitivos. Minificción completa*. Páginas de Espuma.

Montero, C. (Creador). (2020). *El desorden que dejas* [Serie de televisión]. Vaca Films.

Morais, X. (Creador). (2020). *Néboa* [Serie de televisión]. TVE; Voz Audiovisual.

Neuman, A. (2017). *El último minuto*. Páginas de Espuma.

Núñez Singala, M. (2017). *Noite de temporal*. Edicións Obradoiro.

Patiño, L. (Director). (2020). *Lúa vermella* [Película]. Zeitun Films; Amanita Films.

Plaza, P. (Director). (2019). *Quien a hierro mata* [Película]. Vaca Films; Atresmedia Cine; Film Constellation; Playtime Production.

Portabales, A. (2019). *Beleza vermella*. Galaxia.

Portabales, A. (2021). *A vida secreta de Úrsula Bas*. Galaxia.

Portabales, A. (2023). *O home que matou a Antía Morgade*. Galaxia.

Portabales, A. (2025). *Asasinato na casa rosa*. Galaxia.

Reigosa, C. A. (1984). *Crime en Compostela*. Xerais.

Reigosa, C. A. (2002). *Narcos*. Xerais. [2001].

Rivas, M. (1985). *Balada nas praias do Oeste*. Sotelo Blanco.

Rivas, M. (2010a). *Todo é silencio*. Xerais.

Rivas, M. (2010b, 10 de octubre). Cuando Galicia estuvo a punto de ser otra Sicilia. *El País Semanal*. https://elpais.com/diario/2010/10/10/eps/1286692012_850215.html

Rivas, M. (2018). *Vivir sen permiso e outras historias de Oeste*. Xerais.

Rodríguez Criado, F. (2003). *Siete minutos*. La Bolsa de Pipas.

Romero, J. (2021). *Operación Marea Negra*. Ediciones B.

Sánchez Quiles, R. (2010). *Híperbreves*. *S.A.* Ediciones Bailes del Sol.

Sedes, C., & Tarragosa, J. (Directores). (2018). *Fariña* [Serie de televisión]. Bambú Producciones.

Shua, A. M. (1992). *Casa de geishas*. Sudamericana.

Slade, D. (Director), & Brooker, C. (Guionista). (2017). Metalhead [Episodio de serie de televisión]. En *Black Mirror* (Temporada 4). Zeppotron; House of Tomorrow; Broke & Bones.

Slade, D. (Director), & Brooker, C. (Guionista). (2018). Bandersnatch [Episodio de serie de televisión]. En *Black Mirror* (Temporada 5). Zeppotron; House of Tomorrow; Broke & Bones.

Toucedo, D. (Directora). (2017). *Trinta lunes* [Película]. Lasoga Films; Dianatoucedo Films.

Trachtenberg, D. (Director), & Brooker, C. (Guionista). (2016). Playtest [Episodio de serie de televisión]. En *Black Mirror* (Temporada 3). Zeppotron; House of Tomorrow; Broke & Bones.

Valls, F. (Ed.). (2012). *Mar de pirañas. Nuevas voces del microrrelato español*. Menoscuarto.

Van Patten, V. (Director), & Brooker, C. (Guionista). (2017). Hang the DJ [Episodio de serie de televisión]. En *Black Mirror* (Temporada 4). Zeppotron; House of Tomorrow; Broke & Bones.

Verbruggen, J. (Director), & Brooker, C. (Guionista). (2016). Men against fire [Episodio de serie de televisión]. En *Black Mirror* (Temporada 3). Zeppotron; House of Tomorrow; Broke & Bones.

Villar, D. (2006). *Ollos de auga*. Galaxia.

Villar, D. (2009). *A praia dos afogados*. Galaxia.

Villar, D. (2019). *O último barco*. Galaxia.

Weish, B. (Director), & Amstrong, J., & Brooker, C. (Guionistas). (2011). The entire history of you [Episodio de serie de televisión]. En *Black Mirror* (Temporada 1). Zeppotron; House of Tomorrow; Broke & Bones.

Wright, J. (Director), & Brooker, C. (Guionista). (2016). Nosedive [Episodio de serie de televisión]. En *Black Mirror* (Temporada 3). Zeppotron; House of Tomorrow; Broke & Bones.

Zarauza, A. (Director). (2020). *Ons* [Película]. Maruxiña Film Company; Bando à Parte.

Bibliografía

Álamo Felices, F. D. (2018). Microrrelato y sociedad red: características de un nuevo paradigma literario polisemántico y socio-técnico. En A. Calvo Revilla (Ed.), *Elogio de lo mínimo. Estudios sobre microrrelato y minificción en el siglo XXI* (pp. 17–42). Iberoamericana-Vervuert.

Albaladejo Ortega, S., & Sánchez Martínez, J. (2019). El ecosistema mediático de la ficción contemporánea: relatos, universos y propiedades intelectuales a través de los *transmedial worlds*. *Icono 14, 17*(1), 15–38. https://doi.org/10.7195/ri14.v17i1.1241

Álvarez, R. (2013). *The Wire. Toda la verdad* (Trad. Joan Eloi Roca). Principal de los Libros [2009].

Ayuso, R. (2014, 13 de septiembre). Literatura televisada. *El País*.

Benjamin, W. (2015). *Baudelaire e a modernidade* (Trad. João Barrento). Editorial Autêntica [1938].

Bernal, F. (2019, 10 de marzo). Así se hizo la portada de *Fariña*, el libro prohibido sobre el narcotráfico. *El País*. https://elpais.com/elpais/2018/03/09/tentaciones/1520584487_030043.html

Buenavista Galván, A. (2013). «¡Mejor llama a Saul!». La importancia del secundario. En S. Cobo Durán & V. Hernández Santaolalla (Coords.), *Breaking Bad. 530 gramos (de papel) para serieadictos no rehabilitados* (pp. 239–256). Errata Naturae.

Cabo Aseguinolaza, F. (2004). El giro espacial de la historiografía literaria. En A. Abuín González & A. Tarrío Varela (Eds.), *Bases metodolóxicas para unha historia comparada das literaturas na Península Ibérica* (pp. 21–43). Universidade de Santiago de Compostela.

Calvo Revilla, A. (Ed.). (2019). *Epifanías de la brevedad. Microformas literarias y artísticas en la red*. Visor.

Calvo Revilla, A., & Arias Urrutia, A. (Eds.). (2021). *Escrituras enREDadas*. Iberoamericana; Vervuert.

Carrillo Martín, N. M. (2018). Blogs y microrrelato: de lo desechable a lo imprescindible. En A. Calvo Revilla (Ed.), *Elogio de lo mínimo. Estudios sobre microrrelato y minificción en el siglo XXI* (pp. 125–139). Iberoamericana-Vervuert.

Carrión, J. (2011). *Teleshakespeare*. Errata Naturae.

Clüver, C. (2011). Intermidialidade. *Pós, 1*(2), 8–23.

Cobo Durán, S. (2013). Walter White y Jesse Pinkman. La necesidad dramática del otro. En S. Cobo Durán & V. Hernández Santaolalla (Coords.), *Breaking Bad. 530 gramos (de papel) para serieadictos no rehabilitados* (pp. 219–238). Errata Naturae.

Cobo Durán, S., & Hernández Santaolalla, V. (2013). *Breaking Bad. 530 gramos (de papel) para serieadictos no rehabilitados*. Errata Naturae.

Cunha, C. M. (2011). *A(s) geografia(s) da literatura: do nacional ao global*. Opera Omnia.

Dehesa, G. de la. (2001). Os retos da economía galega na era da globalización. En V. Freixanes (Ed.), *Galicia. Unha luz no Atlántico* (pp. 412–431). Xerais.

Di Gerónimo, M. (2010). Intimidad, deseo y erotismo en *Casa de geishas* de Ana María Shua. *Cuadernos del CILHA, 11*(2). http://www.scielo.org.ar/scielo.php?script=sci_arttext&pid=S1852–96152010000200004

Díaz, S. (2017). *Black Mirror*: Cartografías de la identidad en la era multipantalla. *Razón y Palabra, 21*(2–97), 248–282.

Díaz Gandasegui, V. (2014). *Black Mirror*: el reflejo oscuro de la sociedad de la información. *Revista Teknokultura, 11*(3), 583–606.

Echauri-Soto, G. (2016). *Black Mirror*, McLuhan y la era digital. *Razón y Palabra, 20*(3–94), 885–906.

El País. (2018, 22 de septiembre). Entretenimiento global. *El País*, p. 10.

Elleström, L. (2021). *As modalidades das mídias II: Un modelo expandido para compreender as relações intermidiais* (Trad. Elaine Barros Indrusiak). EdiPUCRS.

Fernández Pichel, S. N. (2013). Amado Monstruo. Lo heroico y lo monstruoso en Walter White. En S. Cobo Durán & V. Hernández Santaolalla (Coords.), *Breaking Bad. 530 gramos (de papel) para serieadictos no rehabilitados* (pp. 105–122). Errata Naturae.

Folch Bot, F. (2019). *Como crear, vendre i escriure una série*. Guionistes Associats de Catalunya.

Freixanes, V. (Ed.). (2001). *Galicia. Unha luz no Atlántico*. Xerais.

Gelz, A. (2010). La microficción y lo novelesco en la literatura francesa contemporánea. En D. Roas (Ed.), *Poéticas del microrrelato* (pp. 101–118). Arco Libros.

Gil, J. (2006). *Monstros*. Relógio D'Água.

Gil González, A. J., & Pardo, P. J. (2018). *Adaptación 2.0. Estudios comparados sobre intermedialidad*. Orbis Tertius.

Gilligan, V., & Van Derwerf, T. (2013). Así hacemos *Breaking Bad*. En S. Cobo Durán & V. Hernández Santaolalla (Coords.), *Breaking Bad. 530 gramos (de papel) para serieadictos no rehabilitados* (pp. 61–98). Errata Naturae.

Gómez Trueba, T. (2016). El *boom* de las series de televisión norteamericanas y la novela española actual. En G. Cordone & V. Béguelin-Argimón (Eds.), *Manifestaciones intermediales de la literatura hispánica en el siglo XXI* (pp. 279–294). Visor.

Gómez Trueba, T. (2018). Alianza del microrrelato y la fotografía en las redes. ¿Pies de fotos o microrrelato? En A. Calvo Revilla (Ed.), *Elogio de lo mínimo. Estudios sobre microrrelato y minificción en el siglo XXI* (pp. 203–220). Iberoamericana-Vervuert.

González Millán, X. (1996). *A narrativa galega actual (1975–1984). Unha historia social*. Xerais.

Gordillo, I., & Guarinos, V. (2013). *Cooking Quality*. Las composiciones estructurales de *Breaking Bad*. En S. Cobo Durán & V. Hernández Santaolalla (Coords.), *Breaking Bad. 530 gramos (de papel) para serieadictos no rehabilitados* (pp. 185–198). Errata Naturae.

Guarinos, V. (2009). Microrrelatos y microformas: La narración audiovisual mínima. *Admira, 1*, 33–53.

Hermida, A. (2013). *Breaking Bad*: la formula del color. En S. Cobo Durán & V. Hernández Santaolalla (Coords.), *Breaking Bad. 530 gramos (de papel) para serieadictos no rehabilitados* (pp. 259–276). Errata Naturae.

Hernández Santaolalla, V. (2013). Sucumbiendo a la química del poder. Estrategias de persuasión en *Breaking Bad*. En S. Cobo Durán & V. Hernández Santaolalla (Coords.), *Breaking Bad. 530 gramos (de papel) para serieadictos no rehabilitados* (pp. 123–142). Errata Naturae.

Jenkins, H., Ford, S., & Green, J. (2015). *Cultura transmedia. La creación de contenido y valor en una cultura en red* (Trad. X. Gaillard Pla). Gedisa. [2013].

Kaplan, R. (2013). *La venganza de la geografía. Cómo los mapas condicionan la vida de las naciones* (Trad. Laura Martín de Dios). RBA Editores [2012].

Khan, O. (2007, 24 de noviembre). Desde la 'pornomiseria' hasta los circuitos comerciales. *El País*, p. 31. https://elpais.com/diario/2007/11/24/babelia/1195862774_850215.html

Koepsell, D. R., & Arp, R. (2012). *Breaking Bad and Philosophy: Badder Living through Chemistry*. Open Court.

Lama López, M. X. (2014). Novela negra ou hibridación do xénero? A cara máis íntima do mal en *Todo é silencio* de Manuel Rivas. *Abriu, 3*, 97–109. https://doi.org/10.1344/abriu2014.3.6

Ledo Andión, M. (2020). *Para unha historia do cinema en lingua galega. De illas e sereas*. Galaxia.

Lemaitre, P. (2022). *Diccionario apasionado de la novela negra* (Trad. José Antonio Soriano Marco). Salamandra [2020].

Lipovetsky, G. (2016). *De la ligereza. Hacia una civilización de lo ligero* [Edición Kindle] (Trad. Antonio-Prometeo Moya). Anagrama [2015].

Littman, G. (2013). ¿Cocinar coloca a Walt en el lado de los "malos"? En S. Cobo Durán & V. Hernández Santaolalla (Coords.), *Breaking Bad. 530 gramos (de papel) para serieadictos no rehabilitados* (pp. 45–60). Errata Naturae.

López Sández, M., & Núñez Sabarís, X. (s. f.). *Cartografía do noir galego* [Mapa digital]. https://ilg.usc.gal/cultura-impresa/mapas/?id=Cartograf%C3%ADa+do+Noir+galego

Lozano Delmar, J. (2013). Los otros episodios de *Breaking Bad*. Un análisis de los *cold open* de la serie. En S. Cobo Durán & V. Hernández Santaolalla (Coords.), *Breaking Bad. 530 gramos (de papel) para serieadictos no rehabilitados* (pp. 199–218). Errata Naturae.

Lozano Mijares, M. P. (2007). *La novela española posmoderna*. Arco Libros.

Lyotard, J.F. (1989). *A condição Pós-Moderna* (Trad. José Bragança de Miranda). Ed. Gradiva [1979].

Manguel, A. (2015). *Uma história da curiosidade* (Trad. Rita Almeida Simões). Tinta da China.

Maravall, J. A. (1980). *La cultura del barroco. Análisis de una estructura histórica*. Ariel [1975].

Marcos, N. (2017, 6 de abril). *Vivir sin permiso* o cuando el rey Lear pierde la memoria. *El País*. https://elpais.com/cultura/2017/04/06/television/1491481548_097929.html

Martin, B. (2014). *Hombres fuera de serie: De Los Soprano a The Wire y de Mad Men a Breaking Bad. Crónica de una revolución creativa* (Trad. Jorge Paredes). Ariel [2013].

Martín Escribá, A., & Canal i Artigas, J. (2019). *A quemarropa. La época clásica de la novela negra y policíaca*. Editorial Alrevés.

Massini, S. (2017, 3–9 de febrero). El teatro es un lugar sagrado, no caben tonterías. *El Cultural*, pp. 8–12.

McHale, B. (1987). *Postmodernist Fiction*. Methuen.

Meléndez Martín, J. (2014). *Cristales azules para la mente. Claves de los guiones de Breaking Bad*. http://www.yorokobu.es/wp-content/uploads/Aprende-a-escribir-guiones-con-Breaking-Bad-noviembre-2014.pdf

Merino, J. M. (2009). *Ficción de verdad: discurso leído el día 19 de abril de 2009 en su recepción pública*. Real Academia Española.

Navarro Romero, R. M. (2014). Literatura breve en la red: el microrrelato como género mediático. *Tonos Digital: Revista de Estudios Filológicos, 27*, 1–12.

Noguerol, F. (2010). Micro-relato y posmodernidad: textos nuevos para un final de milenio. En D. Roas (Ed.), *Poéticas del microrrelato* (pp. 77–100). Arco Libros.

Núñez Sabarís, X. (s. f.). *Microrrelato y antología* [Base de datos]. https://cehum.elach.uminho.pt/microrrelatos_xaquinnunez

Núñez Sabarís, X. (2013). Resistencia y canonización en el microrrelato: de la teoría y crítica a las antologías especializadas. *Pasavento. Revista de Estudios Hispánicos, 2*, 143–164.

Núñez Sabarís, X. (2017). Microrrelato y campo literario: un análisis relacional y de corpus de las antologías contemporáneas (2000–2017). *Microtextualidades. Revista Internacional de microrrelato y minificción, 1*, 78–104. https://doi.org/10.31921/microtextualidades.n1a7

Núñez Sabarís, X. (2018). Retratos mínimos: elipsis, deformidad y dualidad en el microrrelato. En J. Rubio & E. Serrano (Eds.), *El retrato literario en el mundo hispánico (siglos XIX-XXI)* (pp. 361–384). Prensas de la Universidad de Zaragoza.

Núñez Sabarís, X. (2020). *Cartografías da narrativa galega contemporánea*. Galaxia.

Núñez Sabarís, X. (2023). *Ficción policial e negra galega* [Base de datos]. Repositório de Dados da Universidade do Minho. https://datarepositorium.uminho.pt/dataset.xhtml?persistentId=doi:10.34622/datarepositorium/UFZEZC

Núñez Sabarís, X. & Ribeiro, E. (2020). Taxonomía del microrrelato hispánico del siglo XXI: propuestas metodológicas de investigación en (la) red. En A. Calvo Revilla & E. Ramos Álvarez (Eds.), *Microrrelato hipermedial: aproximaciones teóricas y didácticas*. Peter Lang.

Pérez de Algaba Chicano, C. (2013). *Breaking Bad* plano a plano. La cámara como constructora de significado. En S. Cobo Durán & V. Hernández Santaolalla (Coords.), *Breaking Bad. 530 gramos (de papel) para serieadictos no rehabilitados* (pp. 295–310). Errata Naturae.

Piatti, B. (2017). Literary Cartography. Mapping as a Method. En A. Engberg-Pedersen (Ed.), *Literature and Cartography. Theories, Histories, Genres*. Massachusetts Institute of Technology [Edición Kindle].

Piglia, R. (2005). *El último lector*. Anagrama.

Rajewsky, I. O. (2005). Intermediality, Intertextuality, and Remediation: A Literary Perspective on Intermediality. *Intermedialités, 6*, 43–64.

Ribeiro, E. (2008). Poéticas do Retrato. O desgaste das imagens. *Diacrítica, 22*(3), 265–322.

Riffaterre, M. (1990). Compulsory Reader Response: The Intertextual Drive. En M. Worton & J. Still (Eds.), *Intertextuality: Theories and Practices* (pp. 56–78). Manchester University Press.

Ríos, I. de los. (2013). *Adversus* White. En S. Cobo Durán & V. Hernández Santaolalla (Coords.), *Breaking Bad. 530 gramos (de papel) para serieadictos no rehabilitados* (pp. 23–44). Errata Naturae.

Rivas, A. (2018). Dibujar el cuento: relaciones entre texto e imagen en el microrrelato en red. En A. Calvo Revilla (Ed.), *Elogio de lo mínimo. Estudios sobre microrrelato y minificción en el siglo XXI* (pp. 221–242). Iberoamericana-Vervuert.

Roas, D. (2016). *Tras los límites de lo real. Una definición de lo fantástico*. Páginas de Espuma.

Roas, D., & Casas, A. (2016). *Voces de lo fantástico en la narrativa española contemporánea*. E.D.A.

Robinson, M. (Director). (2018). El *Cambados* de Sito Miñanco. Año Petrovic [Episodio de programa de televisión]. En *Informe Robinson*. Movistar.

Rodríguez Ferrándiz, R. (2009). Los orígenes teórico-críticos del concepto «industria cultural». En V. Tortosa (Ed.), *Mercado y consumo de ideas. De industria a negocio cultural* (pp. 56–72). Editorial Biblioteca Nueva.

Rodríguez Ferrándiz, R. (2011). De industrias culturales a industrias del ocio y creativas: los límites del campo cultural. *Revista Comunicar, 18*(36), 149–156. https://doi.org/10.3916/C36-2011-03-06

Romero Bejarano, H. J. (2013). ¿Cómo se cocina *Breaking Bad*? Análisis de una producción de culto. En S. Cobo Durán & V. Hernández Santaolalla (Coords.), *Breaking Bad. 530 gramos (de papel) para serieadictos no rehabilitados* (pp. 311–328). Errata Naturae.

Rubio Hernández, J. (2013). Reinventando a Fausto. Walter White como actualización del mito fáustico. En S. Cobo Durán & V. Hernández Santaolalla (Coords.), *Breaking Bad. 530 gramos (de papel) para serieadictos no rehabilitados* (pp. 143–162). Errata Naturae.

Ryan, M. L. (2016). Narratología transmedial y transmedia storytelling. Artnodes, 18. https://doi.org/10.7238/a.v0i18.3049

Sánchez Mesa, D., & Baetens, J. (2017). La literatura en expansión. Intermedialidad y transmedialidad en el cruce entre la literatura comparada, los estudios culturales y los new media studies. *Tropelías. Revista de Teoría de la Literatura y Literatura Comparada, 27,* 6–27. 10.26754/ojs_tropelias/tropelias.2017271536

Sánchez Noriega, J. L. (2009). Entre el espectáculo y la cultura: El negocio del cine. En V. Tortosa (Ed.), *Mercado y consumo de ideas. De industria a negocio cultural* (pp. 204–223). Editorial Biblioteca Nueva.

Santos, D., Vásquez Mejías, A., & Urgelles, I. (2016). Lo narco como modelo cultural. Una apropiación transcontinental. *Mitologías hoy, 14,* 9–23. https://doi.org/10.5565/rev/mitologias.401

Scolari, C. A. (2013). *Narrativas transmedia: cuando todos los medios cuentan*. Deusto.

Sepinwall, A. (2012). *The revolution was televised*. Simon & Schuster.

Soja, E. (1993). *Geografias Pós-Modernas. A Reafirmação do Espaço na Teoria Social Crítica* (Trad. Vera Ribeiro). Jorge Zahar Editor. [1989].

Torre, T. de la. (2016). *Historia de las series*. Roca Editorial.

Trujillo, J. A., & Charlois Allende, A. J. (2018). Memoria cultural y ficción audiovisual en la era de la televisión en *streaming*. Una exploración en torno a la serie *Narcos* como relato de memoria transnacional. *Comunicación y Sociedad, 31*, 15–44.

Tucherman, I. (2012). *Breve história do corpo e de seus monstros*. Passagens.

Vargas Iglesias, J. L. (2013). En el nombre del hijo. El mito del padre edípico en *Breaking Bad*. En S. Cobo Durán & V. Hernández Santaolalla (Coords.), *Breaking Bad. 530 gramos (de papel) para serieadictos no rehabilitados* (pp. 163–181). Errata Naturae.

Vargas Llosa, M. (2011, 23 de octubre). Los dioses indiferentes. *El País*.

Vila Matas, E. (2013). La mosca de *Breaking Bad*. En S. Cobo Durán & V. Hernández Santaolalla (Coords.), *Breaking Bad. 530 gramos (de papel) para serieadictos no rehabilitados* (pp. 99–101). Errata Naturae.

Vila Matas, E. (2017, 10–16 de febrero). Aunque no lo quiera, la literatura invade mi vida. *El Cultural*, pp. 8–12.

Vilavedra, D. (2010). *A narrativa galega na fin de século. Unha ollada crítica dende 2010*. Galaxia.

Villanueva, D. (1977). *Estructura y tiempo reducido en la novela*. Editorial Bello.

Villares, R. (2001). Sobre a identidade histórica de Galicia. En V. Freixanes (Ed.), *Galicia. Unha luz no Atlántico* (pp. 46–75). Xerais.

Vizoso, S. (2019, 8 de diciembre). El milagro del 'thriller' gallego que nadie quería y que triunfó en Netflix. *El País*. https://elpais.com/cultura/2019/12/06/television/1575641850_170507.html

Webster Ayuso, J. (2021, 3 de marzo). Galician noir: how a rainy corner of Spain spawned a new TV genre. *The Guardian*. https://www.theguardian.com/world/2021/mar/03/galician-noir-how-a-rainy-corner-of-spain-spawned-a-new-tv-genre

Zavala, L. (2004). Fragmentos, fractales y fronteras: Género y lectura en las series de narrativa breve. *Revista de Literatura, 66*(131), 5–22. https://doi.org/10.3989/revliteratura.2004.v66.i131.138

www.ingramcontent.com/pod-product-compliance
Lightning Source LLC
Chambersburg PA
CBHW030458100426
42813CB00002B/261